华夏文库·民俗书系

客家元宵盛典

永定抚市出魁

张胜本　赖启章

大地传媒　中州古籍出版社

《华夏文库》发凡

毫无疑问，每一个时代都有属于自己时代的精神追求、文化叩问与出版理想。我们不禁要问，在 21 世纪初叶，在全球文明交融的今天，在信息文明的发轫初期，作为中国出版人，我们正在或者将要追求什么？我们能够成就或奉献什么？我们以何种方式参与全球化时代的文化传播进程？在一连串的追问下，于是，有了这套《华夏文库》的出版。

自信才能交融。世界各大文明在坚守自身文化个性的同时，不约而同地加快了探视其他文化精神内涵的步伐，世界不同文明正在朝着了解、交流、碰撞、借鉴与融合的方向前进。在此背景下，建立自身的文化自信，正是与世界各文明民族进行文化交流的基本要求。五千年中华文明与文化正在不断地被其他文明所发现、所挖掘、所认知，汉语言正在生长为世界语言，儒文化正在世界各地生根发芽。

借助这样一种正在成长着的文化自信、自觉、开放、亲和之力，用我们这个时代的学术眼光全面系统梳理中华五千年的文明与文化，向其他各大文明与文化圈正面展示自我，让中华优秀文化成为世界文化的重要组成部分，正是我们出版这套文库的目的之一。此其一。

知己才能知彼。身处五千年文化浸润的今天，重新审视我们先人的人生思考、价值思考与哲学思考，找到一个民族、一个国家的价值所在、立命所在、安身所在，这已经是我们这个时代的学人与出版人不得不再思考的问题。作为传承中华文明的一分子，我们在思考的同时，还必须了解我们的先人创造了如何优秀的精神文明、物质文明以及社会文明。只有熟知自己的文化，热爱自己的文化，悟明自己的文化，我们才能宣说自己、弘扬自己、光大自己。因此，我们策划组织这套《华夏文库》的初衷，还在于让当下的知识青年全面系统瞭望中华文明与文化的全景，并借此能够对更为深广的世界各民族文化提供一个比较认知的平台。此其二。

顺势才能有为。我们正处在农耕文明、工业文明、信息文明的交汇期，信息文明带领我们从读纸时代进入读屏时代，以智能手机屏幕为代表的书籍呈现方式正在与纸质书籍争夺阅读时间与空间。我们正在领悟数字技术，正在从信息文明的视角，去整理、分析和研究农耕文明与工业文明的文化遗产，不仅仅是为了唤醒优秀的传统文化，我们还在生发和原创着当今时代的文化。由此，我们试图架起一座桥梁——由纸质呈现而数字呈现，由数字呈现而纸质呈现，以多媒介的书籍呈现方式，将文字、图像、声音与视频四者结合，共同筑成《华夏文库》以奉献给信息文明时代的新读者。此其三。

总之，这是一套——专家大家名家写小书；以最小的阅读单元，原创撰写中华精神文明、物质文明与社会文明系列主题与专题；以图文、声视频多媒介呈现的方式，全面介绍与传播中华文明与优秀文化，系统普及与推介中华文明与文化知识；主旨是为了让世界与中国共同了解中国的——大型丛书。借此，复兴文化，唤起精神，融入世界。

耿相新

2013 年 6 月 27 日

《华夏文库·民俗书系》序

《民俗书系》是中原出版传媒集团一项浩大工程《华夏文库》的一个重要组成部分,分为十个系列:生产贸易民俗系列,衣食住行民俗系列,社会家庭民俗系列,人生仪礼民俗系列,生态、科技民俗系列,信仰民俗系列,岁时节令民俗系列,语言文学民俗系列,民间游乐民俗系列和民间艺术系列,涉及民俗文化的所有方面。这是一套具有相当规模的民俗类丛书。第一期约300本,每个省、自治区、直辖市10本左右。以后还有第二期、第三期。从数量上看,这套书在民俗文化呈现的广度方面是前所未有的。

有规模,成体系,才能产生深刻而广泛的社会效应。就民俗文化而言,一两本书,做得再精致,影响也是有限的。只有达到一定规模,才能全面、系统而又细致地展现中国各民族各地区丰富灿烂的民俗文化。中国幅员广阔、民族众多,以往有关民俗文化的呈现多是局部的,有很大的局限性,而《民俗书系》是对中华各民族民俗文化全方位的展示,超越了已出版的任何一套民俗丛书。这有助于对中华各民族民俗文化进行整体观照,多向度地把握、理解和享用中华各民族民俗文化。

十个系列仅仅是给定了民俗文库选题的范围和领域,而每本书的选题要求主要体现在两个方面。一是强调具体和细微。选题越具体越好,越细微越好。以往民俗文化方面的书,选题都比较大,侧重在"面"

上,而《民俗书系》的选题,侧重在"点"上。譬如中国民居方面的选题,以往即为中国民居,如陕北窑洞、蒙古包、客家民居、北京四合院等等,我们这套书要求选题更为具体,诸如门、床、窗、影壁、屋脊、砖雕、上梁仪式、天井等等。选题越具体、越集中,越能书写得深入,越能说得透彻,从不同方面把这一指向范围细微的"事象"的表现形式、过程、内涵阐述清楚。一个选题,仅涉及一个方面的话题或事物,全书就围绕一个具体的民俗"事象"集中笔墨展开阐述。

二是强调地域性。选择具有地方特色的民俗文化。选题不避偏,即便是不为外界所知的民俗文化"事象",也可以作为选题。这样的选题纳入整套书系之中,其所描述的对象就成为整个中华民族民间文化体系中的一部分,具有不可替代的位置。通过这套文库的出版,将这一原本影响不大的民俗文化"事象"推向全国,乃至世界。此处的地域是具体的,不是覆盖整个省,甚至大片地区和流域,而是局限于某一市县、某一城镇、某一村落。写一个具体地方的某一具体的民俗"事象",民俗"事象"所流传的范围是明确的。当然,也有的以一个地方的某一民俗"事象"为书写中心,适当涉及其他地方相同的民俗"事象",包括引用其起源、历史发展脉络和内涵分析等方面的相关资料,采用了以点带面的叙述范式。也有的通过图片的方式,连接其他地方同一民俗文化"事象",做一些适当比较。

在这两点要求的基础上,这套民俗书系的选题是开放性的,面向中华各民族的广袤大地和民俗文化的汪洋大海。

《民俗书系》中的每本书字数在6万~7万,配有多幅图。根据选题本身的特点选择不同的写作角度和呈现方式,甚至有的以图为主,文字只是起到辅助、说明的作用。也有的以一个故事或传说为引导,再进入民俗"事象"本身,展开层层阐述。每本书的结构简洁而又灵活，便于作者把握和读者阅读。在述与论的关系方面，以"述"为主，"述"是全书主要的行文方式和表现主体；以"论"为辅，富有层次地清晰演示特定民俗"事象"的表现形态及其现状和历史，说明其深厚的文化内涵，提供其社会及文化背景。每幅图片都有比较翔实的说明，诸如图片中的人是谁，都在干什么，主要景观和物品的名称、含义，画面属于仪式过程的哪个环节等。图片不是配图，不是为了美观，而是整本书的有机组成部分。

这套《民俗书系》追求一种原生态写作境界。这里的原生态，就是强调民俗表达的原汁原味。所使用的文字素材和图片基本上是作者自己采集到的第一手资料，夯实了全书的所有内容。这套书系的作者绝大多数不是学者或专业研究人员，而是地方文化精英，是地方民间文化传统的积极传承者。作者就是当地人，对这一选题或这一民俗"事象"最为熟悉，而且反复经历和参与过这一民俗活动，最了解这一民俗活动，并具有一定的书面语言表达能力，是最适合写这本书的人。作者对这一选题有比较丰富的资料积累和信息储备，是这一选题的代言人和权威，而书的出版更是对作者权威地位的认定。这套书系的价值主要不是学术上的，不是理论方法方面的，而是发掘地方民俗文化资源，真实、客观地再现了民俗文化，展示了民俗文化本身具有的文化魅力和现实意义。这套书系可称之为原生态民俗书系。

《民俗书系》编纂和出版的动机是宏伟的，具有高远的历史文化志向和神圣的现实责任感。这一浩大工程值得您的期待，更值得您的关注。

万建中
2015 年 1 月 20 日于京师园

目 录

前言 ··· 1

一 出魁：客家人的狂欢节

1 出魁发源地：社前 ····························· 5
2 抚市元宵天下奇 ································· 8
3 乾隆皇帝奇遇记 ······························· 13
4 烟魁：出魁耀门庭 ··························· 19
5 社前出魁惊艳亮相 ··························· 21

二 活动筹备严密有序

1 组织分工约定俗成 ··························· 27

2　故事节目推陈出新 ………………………………… 32

　　3　花轿制作相沿成习 ………………………………… 34

　　4　故事装扮不断创新 ………………………………… 43

　　5　活动费用多方筹集 ………………………………… 46

三　出魁民俗璀璨独特

　　1　活动内涵丰富深刻 ………………………………… 51

　　2　节目传承历史悠久 ………………………………… 56

　　3　魁星扮相古朴威严 ………………………………… 62

　　4　英雄豪杰粉墨登场 ………………………………… 74

　　5　仪仗阵容相得益彰 ………………………………… 106

四　出魁活动盛大登场

　　1　出魁队伍按时集合 ………………………………… 112

　　2　出巡顺序依次排列 ………………………………… 115

　　3　巡游路线百年不变 ………………………………… 118

　　4　出魁必经重要场所 …………………………………　122

五　独特民俗长盛不衰

1 出魁民俗传承不绝 …………………………… 136
2 重大活动争奇斗艳 …………………………… 137
3 出魁活动特色鲜明 …………………………… 138

前　言

闽西历史悠久，文化灿烂。在中华民族最近的一千多年中，先后历经了"永嘉之乱""安史之乱"与"靖康之乱"等动荡时期，引发了中原汉人数次南迁大潮。古汀州地处武夷山脉南段，群山环抱，汀水长流。特殊的地理环境，使这里成为南迁汉人躲避战乱、休养生息的世外桃源。南迁的客家先民会聚闽西，与原住民和谐相处、文化融合，最终形成了汉民族中极富传奇色彩的客家民系。

客家文化作为中华文化的重要组成部分，是唐宋以来在闽粤赣边特殊地理环境中形成的独特的地域性文化。闽西是客家文化的祖地，是客家文化形成、发展、传播的原乡故土。闽西客家人用自己的勤劳和智慧，创造了灿烂辉煌的客家文化精华。这里保存的大量弥足珍贵、纯真古朴原生态的物质文化和非物质文化遗产，是亿万海内外客家人对闽西客家祖地文脉乡愁的记忆，充分体现了闽西客家文化的多样性、独特性和完整性，极大地丰富了中华民族传统文化的宝库。2008年7月，永定土楼被列入世界文化遗产保护名录。截至2015年，福建省龙岩市被列入国家级非物质文化遗产名录的有9项，省级的有22项；被列入国家级重点文物保护单位的有14处40个点，省级的有54处71个点。

闽西客家民俗源远流长，既传承了中原传统文化，又融合了百越文化精髓，形成了特色鲜明的客家民俗文化。享誉海内外的连城县姑田天下第一龙"游大龙"、被誉为"客家狂欢节"的连城罗坊水中"走古事"，声名远播；永定区的"走古事""打新婚""赛大鼓"，古朴热闹；长汀县的"闹春田""打菩萨""百壶祭"，规模宏大；上杭县南阳镇的花灯龙，土色生香，它们组合成的"闽西客家元宵节庆"洋洋大观，被列为国家级非物质文化遗产保护项目，成为宝贵的精神文化遗产。

近年来，为加强中华文化传承保护工作，河南大地传媒·中州古籍出版社启动了编纂《华夏文库》这一浩大工程，而大型民俗丛书《民俗书系》是其中一个重要组成部分。2016年春节前夕，经福建省民间文艺家协会及龙岩市民间文艺家协会荣誉主席何志溪先生的举荐，编著者开始着手筹划编写《客家元宵盛典 永定抚市出魁》书稿。永定抚市出魁民俗，在闽西极为丰富的元宵节庆活动中，是最具特色的客家民俗活动之一。为搞好本书编写工作，2016年春节及元宵期间，编著者与永定抚市社前村的领导进行了多次沟通，得到了村领导的全力支持和配合。之后编著者就开始着手对这一特色民俗活动的信息资料进行全面收集整理。前后经过半年多的努力，至8月初终于完成了全书初稿的编写工作。2017年初，根据出版社梁瑞霞老师的意见，我们对书稿再次进行了修改。如何才能将抚市出魁民俗这一闽西最具特色的客家民俗奇葩写好呢？对此，编著者按照万建中教授在《民俗书系》总序中的写作要求，采用纪实的方式，将这一民俗活动原汁原味地记录下来，力求将蕴含在这项民俗中客家人耕读传家的理念深刻展现出来，对我们的后人有所启示，并将这些承载着我们民族文化基因的传统民俗活动传承下去。这是编者所希望达到的目的。

一 出魁：客家人的狂欢节

客家是汉民族中具有丰富传奇色彩的一支独特民系，客家文化是中华民族传统优秀文化的重要组成部分。从西晋开始，客家先民在由北向南迁徙过程中，把古老的中原文化带到了闽粤赣三省接壤区域，并与当地原住民文化相互融合，形成了博大精深、独具特色的客家文化。龙岩市因地处福建西部而简称为"闽西"，客家人口占全市总人口的75%，是重要的客家祖地和客家文化发祥地，有着十分丰富的客家人文资源。闽西客家元宵节民俗活动异彩纷呈，特色鲜明：不仅有传统的闹花灯（包括赏灯、迎灯、舞灯等），如连城的芷溪花灯、长汀彭坊的刻纸龙灯、上杭庐丰的香灯等，种类繁多，让人目不暇接，流连忘返；更有规模宏大、独具特色的连城姑田"游大龙"、长汀四都的"打石公"、彭坊的"闹春田"、永定抚市的"走古事"等民俗活动，让人非常震撼，久久难以忘怀。闽西客家民俗文化是中华文化的重要组成部分，它传承保留了中华文明古老自然的文化形态，以一种非物质的形式广泛存在于闽西广大乡村，成为闽西客家社会形态、传统精神赖以世代相传的重要载体之一。

客家古镇抚市镇位于福建省龙岩市永定区东部，是永定烤烟和煤的主要产区之一，古称"巫溪"，后人方言谐音称"抚溪""母溪"，后随着人口增加和集市规模的发展，改称"抚市"。全镇总面积133平方千米，人口近3万人。抚市镇每年春节的闹元宵民俗活动规模宏大，内涵丰富，源远流长，特别是社前村的出魁民俗活动，更是声名远播，被誉为客家人盛大的狂欢节。

1 出魁发源地：社前

社前，社坛之前也。社坛是一方土地的神坛，也称"社稷坛"，包含土神和谷神，简称"社坛"，地方俗称"土地伯公"，或称"公王"。此处所指社坛在福建永定置县前，系上杭县丰田里南阳坊。

明成化十三年（1477年），金丰里高第（今湖雷镇高地）人赖姓景让公，一路放养麻鸭来到抚市翠屏山麓。这里鸭食富足，他放养的五十只鸭，连连一日两蛋，每每一蛋双黄，所以就在社坛前临时搭了个简易的风雨棚，以供暂时居住。

就这样一连住了数月，这里良好的条件让景让公萌生了定居的念头。他说干就干，随后便立即动手，在乡社的左边建了房子，不久又娶了巫氏为妻，一家就在这里定居下来了。从此以后，他的子孙后代就在这里繁衍发展。

景让公的孙子月溪公，一生修德行善。明朝嘉靖末年的一个晚上，他梦到社神告诉自己："赐给你这块风水宝地，我迁到其他地方去了。"第二天早上，只见一群乌鸦衔着血纸飞往他处。大家见后非常惊骇，并紧紧尾随观看。乌鸦飞到现在墟排社坛的位置才停了下来，至此大家才清楚，这是社神要更诸山麓，赖姓族人随即将社神香火迁至异地建造。

社坛前有溪水环绕,不久之后,水冲坛废。月溪公便将此地购下,建造赖氏宗祠。自此之后,这里再也没有发生过水患了。所以,这里的地名被命名"社前",寓意开居在社坛之前。社前学子有诗赞曰:"龙发西岐荡抚亭,军营旋转恰帐屏。悠扬曲折灵通处,正是前村好古廷。门对灌洋笔架山,獭埼丙案象狮关。骊龙猴子分旁侍,朝斗南池隐约间。"

社前属于龙岩市永定区抚市镇所辖行政村,包含桃源自然村,共有19个村民小组,3280人,地处抚市河谷盆地中心,东与抚溪村隔河相望,南与五联村相邻,西为老鸦岭和桃源自然村,北与新民、中寨毗连,村域2.6平方千米,是抚市镇中心地带、镇政府所在地和乡镇集贸中心区。

经过几百年的开发,从抚岭到抚溪河畔形成连片村落。古村落主要分布在大洋墩,可延伸到翠屏山至塘坑一带,新村扩展到福三线两侧。社前古村落素有"土楼博物馆"和"条丝烟王国"之誉,亦有"烟商村""文化村""学者村""博士村"之美誉,是龙岩市重点传统村落、福建省第一批省级传统村落和第五批历史文化名村,正在申报国家级传统村落和历史文化名村。

永定客家土楼是客家文化的活化石,被联合国教科文组织官员誉为"世界建筑的奇葩",2008年被列为世界文化遗产。社前古村落保留了明清客家土楼百余座,集中连片分布,个体规模大,式样丰富,格局肌理特色鲜明;村道、水系网格化,特色布局有"十凤护宫""五垒连营""群雁齐飞"和"三房共坪",古码头与河堤沿河分布,构成了气势恢宏、蔚为壮观的"土楼博物馆",是客家古村落建筑的典范。

社前文化沉积厚实,耕读文化与商读文化并存,儒、道、释三教文化互融，传统文化与现代文化交辉。村落内保存土楼百余座，有家庙、观音厅、天后宫、文馆、武馆、书院、学堂、私塾、码头、作坊等古建筑，有木刻、石刻、匾额、寿屏、漆画、壁书、碑石、商号等文物，还有古籍、古谱、古画、圣旨等珍藏。

社前人才辈出，明清时期封赠仕职286人，有文武秀才89名，文武贡生55名，国子监监生49名，文武举人6名（其中武举人1名），文进士1名。废除科举制度后，有大学毕业生600余人，其中高学历、高职称者200余人：博士23人，硕士24人，教授22人（含副教授），副处级以上干部48人。有"一门三博士五硕士二博导，两岸八教授文进士武将军"之赞。著名人物有进士赖宏，永定首富赖庚兴，烟魁赖存觉，辛亥革命英烈赖凉血，教育界耆硕寿星赖筑岩，中国草王、国务院特殊津贴专家赖占均，中科院武汉地震局局长、国务院特殊津贴专家、博导赖锡安，中科院广州能源研究所书记、留苏学者赖佩，华东电管局书记赖绍侨，烤烟专家、高级农艺师赖耿新，病虫害专家、高级农艺师赖贝元等等。

在条丝烟经济兴盛时期，社前经济有过辉煌业绩，有"烟魁"和"龙岗硕望"之誉。前辈们艰苦奋斗，开拓大江南北及海内外的商路，是"闽商"的重要组成部分。改革开放后掀起涉矿经济和商贸经济热潮，今又逐渐掀起"互联网+"的新经济形式，第三产业欣欣向荣。

2　抚市元宵天下奇

闹元宵是中华民族历史悠久的一项传统民俗。永定抚市人把这项民俗活动演绎得精彩独特、热闹非凡、远近闻名。

在明代，抚市人闹元宵活动时间为正月初八日至十七日。到了清代，闹元宵活动时间为正月十二日至十七日。活动形式有"日故事"和"夜故事"。"日故事"在白天举行，以轿子为载体，人物造型为主要表现内容，所以习惯称为"坐轿故事"。"夜故事"在夜间举行，以花灯为主要表现内容，所以习惯称为"落地故事"。

抚市元宵节的花灯展在夜间举行，观灯、赏灯、游灯是闹元宵一项传统活动内容。"夜故事"从正月初八晚上开始一直到正月十七日晚上结束，每晚举行花灯展，各家各户自制花灯悬挂在大门和厅堂，有宫灯、走马灯等，配上诗谜或书画，供乡邻穿楼过屋观赏。鼓乐爱好者"斗鼓"，文艺爱好者"穿花篮"跳"采茶舞"，习武者擂大鼓舞龙灯，孩子们骑马灯、鲤鱼灯或提着灯笼戏耍。原有的放孔明灯和花灯游村的习俗逐渐淡出。正月十二日开始举行花灯巡游，正月十七日结束，每年这个时候是抚市闹元宵活动的高潮阶段。

抚市闹元宵有两个特点：踩街与闹祠。

踩街指的是闹花灯队伍在抚市各街道热闹地游行。抚市的集市成型于明朝。清康乾时期，由于条丝烟经济的兴盛，抚市经济快速发展，人口大量增加，街道因此逐渐成型，规模不断扩大。每年元宵，在抚市有组织地进行踩街活动的有社前村、中寨村及黄姓村落的花灯游行队伍，各姓路线各不相同。

闹祠是一种与祖同乐的传统活动，即各姓的花灯游行队伍最后都要到本姓宗祠前集结，各种节目都在祠堂前轮番进行表演。抚市一带闹祠有闹丁的寓意，闹元宵活动让平时肃穆寂静的祠堂热闹吉祥，人们祭告祖宗，祈求风调雨顺，家族兴旺发达。

乾隆二十三年（1758年）元宵日上午，福建省永定县丰田里社前（现为龙岩市永定区抚市镇社前村）第一次举办出魁活动，在当地第一次出现元宵花灯节之外的"日故事"，为抚市闹元宵活动增添一种新的形式。

闹元宵"日故事"

这种闹元宵形式类似民俗活动中的"迎神",主角魁星、文武财神由真人扮演,有阵容庞大的仪仗队,犹如皇家出巡。仪仗队由侍神,肃静、回避牌,魁星正神,及第状元,文武财神,诸神免参牌,彩旗,游山打猎卫队,喇叭乐队组成。一律采用人抬的轿式假山,扮演者以儿童为主体,传统只允许由男孩扮演,实行计划生育后,不分性别。传统节目有"千秋架""四进士""船板灯""观音送子(铁机)""五子登科""和合仙""八仙过海""带子转门""王母娘娘上寿""郭子仪上寿""桃园结义""大鼓""五色锣鼓""十番""麻姑进酒"和"大小龙"等。

社前的出魁队伍出发点初为大观楼与长星楼前,乾隆五十年(1785年)天后宫建成之后,集结出发地点改为天后宫,沿着中心村道行进,途经大观楼的观音厅、老街的万寿寺、新街的聚奎文馆、井头巫氏家庙、水尾水口的回龙宫,回到赖氏家庙闹祠后解散。

社前赖姓出魁活动的组织形式、经费筹集方式、节目形式、时间、路线等相关事宜,几百年来代代相传,相沿成习,一直沿用,但规模年年不同,最盛时有轿子114乘。

日夜故事的相互借鉴,形成抚市独特的闹元宵活动形式,后被媒体称为"抚市走古事"。古代的"走"在现代词义为"跑",现代的"走"在古代称为"行"。走、行、跑,脚必须踏在土地上,故事节目中以脚踏地面表演为主,可称"走古事"。坐轿故事与落地故事相互结合,也称"闹故事"。

抚市闹元宵活动丰富多彩,独具特色,已有两百多年历史,被列为福建省非物质文化遗产项目。

这项传统民俗活动起源于清乾隆年间,由于乾隆皇帝赐"烟魁"封号给社前村经营烟商贸易的苏州赖氏烟行,并将条丝烟作为贡品,在烟商的推动下利用元宵节形成大型庆贺活动。首先出现在社前村，伴随条丝烟经济的兴盛，人民生活的富裕，附近村落也出现不同形式的庆贺活动，起初是在本村，后来发展到踩街。

为避免集中在元宵日踩街，发生拥挤事故，抚市内八方、上四方、下四方、五方内的乡贤族老联席商定，元宵十五日白天由社前故事上街，社前夜故事到聚奎文馆后不通过老街前往万寿寺，十五日晚上由苏姓故事踩街，十六日晚上由黄姓故事踩街，其余不得入街，在本坊热闹，约定成俗，延续至今。

传承了几百年的抚市闹元宵民俗，主要由集镇周边几大姓氏家族组织的活动构成。

社前村赖姓的故事冠村名"社前"，不以姓氏郡名而冠，以白天为特色，魁星点斗为代表，从天后宫出发，经万寿寺、回龙宫，到家庙闹祠后结束。

苏姓故事以郡名"武功"冠名，以六国拜相为代表，由中寨村、抚溪村等苏姓村落联合组织，从中寨苏姓大宗祠出发，经万寿寺到老街头羊头堂闹祠后结束。

黄姓故事以郡名"江夏"冠名，以孝友无双为代表，由井头、五联、新民、大坪、坝角等黄姓村落联合组织，从井头家庙出发，经万寿寺到老街头黄姓开基祖黄仕全陵墓前祭祖后结束。

苏姓、黄姓晚上踩街的特点以花灯为主，有龙、鲤鱼、麒麟、蝙蝠灯以及采茶灯、花篮灯、竹马灯、梁哥等，故事节目多有重复，相互通用。如：魁星点斗为社前、鹊坪通用，梁哥为苏姓、黄姓通用。有些故事名称虽同，内涵却有差别。20世纪90年代后，伴随交通和电力设施的改善，夜故事也吸收了日故事的特色，落地故事中增加了坐轿故事，在灯光的照耀下风姿绰约、美丽动人。

20世纪70年代末实行改革开放以来,尤其是实行计划生育政策后,故事装扮者已经不分男女、不分姓氏了,参与者更为广泛。在节目方面也有创新。如下南洋、工农兵等,题材增加,尤其是女性题材增加更多,有武则天、巾帼英雄、四大美人、四大才女、女状元等。

3 乾隆皇帝奇遇记

说起抚市社前的烟商们,有一个神奇的故事传说。

永定是著名的"烤烟之乡",也是曾经的"条丝烟王国"。据《永定烟草志》记载,烟草最早由菲律宾传入我国,至明万历年间传入漳州,并由漳州传入永定,迄今已有400多年历史。"好烟是地里种出来的",位于北纬24°烤烟黄金种植带的永定有着十分适宜烟草生长的土壤及气候环境,加上客家先民的辛勤耕耘和认真摸索,逐渐掌握了先进的烟草栽培和制作技术,使"永定晒烟独著于天下,本省及各省虽有晒烟,制成烟丝,色味皆不能及"。至16世纪以后,永定条丝烟成为朝廷贡品,誉满天下,并在南洋劝业会和美国旧金山万国博览会上分别获金奖。

至清代初期,永定烤烟名气越来越大。为了做强做大,永定烟商积极拓展川滇、两湖、两广、三江(江西、江苏、浙江)等南方一带商路,条丝烟的生产及经销进入高速发展时期,不少人依靠经营条丝烟生意发了大财,为地处偏僻边远的永定山区的发展提供了重要经济条件。建筑独特、规模宏大、闻名海内外的世界文化遗产永定客家土楼,不少是在这一时期建成的。

抚市社前的赖姓先辈为了拓展香烟销路,也纷纷前往苏州、扬州一带商业繁华的江南地区发展。赖姓等一些永定烟商,每日身背"长颈鹅"水烟袋和长杆旱烟筒以及条丝烟,走街串巷,免费请人吸食品尝。采用这种推销方法,经过一段时间经营,品尝吸食过的人慢慢发觉永定条丝烟不但气味芬芳,还能提神解郁,永定条丝烟的品质因此深得江浙一带客户的青睐,并逐渐风靡大江南北,条丝烟的销量由此大增。

话说乾隆二十二年(1757年)初秋,有一天,长期在苏州经营条丝烟生意、年近花甲的社前村人赖存觉(名凰,号宾仪,一字存阁),在苏州河岸一座码头边卸完了从福建永定长途贩运到苏州的条丝烟。当入库完毕后,看到天色还早,便带着伙计准备乘船到各个店铺转转。刚到码头,迎面遇到一伙穿着华丽的人,簇拥着中间一个昂首阔步行走的年青人。只见这位青年手摇折扇,气宇轩昂,其他人似众星捧月跟随着他。这群人正是乔装出游的乾隆皇帝及随从。乾隆指着空船问道:"客官,这是你的船?"存觉答道:"是的。"乾隆又问:"做什么生意?哪里人士?"存觉答曰:"我是做条丝烟的,从福建永定来。"乾隆略有所思,接着问道:"现在要到哪里去?"存觉告知其要到几个商号转转。乾隆听到其中一个码头刚好是他们船的停泊处,于是说:"能否搭乘一段?"存觉爽快应道:"请便。"乾隆一行便上了船。

开船后,存觉掏出一根烟杆,在烟斗上装好金黄的条丝烟,请这位青年品尝。乾隆接过烟杆把玩起来。烟杆是由老仙柑子(金橘)树杆制成的,有两条细枝缠绕,镶嵌着碧绿的玉嘴,犹如不老仙翁所拄之拐的缩小版。当乾隆含上烟嘴后,存觉吹燃纸捻子,帮忙点燃烟丝。乾隆吸了一口,一阵柑橘的清香沁入肺腑,立时精神焕发,于是吧嗒吧嗒吞云吐雾地吸起来,并连声夸奖:"极品!极品!"他对这种条丝烟赞不绝口。

品烟之后,乾隆与存觉聊起了风土人情。存觉便向乾隆一行说起了故乡福建永定抚市境内一座道教佛教名山东华山之黄日焕进士"幻化蜈蚣"及三宕石廖瑛进士回娘家尽孝的故事。

黄日焕,字愧我,抚市龙窟人,明崇祯十五年(1642年)录为庠生,清顺治十七年(1660年)中举,十八年(1661年)殿试三甲进士,官至淮安府同知。十八九岁时曾在"永定第一名山"东华山读书,常在涧边、崖顶、林中僻静处阅经数典。

有一天,他在"老鹰嘴"冠顶松树下忘我读书,当他闲庭信步走到嘴缘边,待转身要返回之时,忽然发现周边是悬崖峭壁万丈深渊,已经没有落脚转身的地方。他惊出一身冷汗,只能紧紧伏在石上抓紧凸石。此时山风阵阵,看看陡峭的悬崖,他不敢起身行走,只得等待夜幕降临难辨深渊时,才慢慢爬回。

回到住处后,道士询问他为何这么晚才回来,他如实告知刚才发生的事,但无人相信。有一位道士说,有人看见他向下游走,后渐渐不见身影,以为他已经堕崖,没想到当晚又见其若无其事地在观中读书,惊叹他如蜈蚣能游走悬崖。从此,抚市一带便有了黄日焕是蜈蚣精转世,日后必成大器的传闻。

存觉接着聊到廖瑛,他说,廖瑛字璞完,福建永定坎市青坑人,雍正十三年(1735年)乙卯科中举,与叔鸿章同登乾隆丁巳科(1737年)三甲进士。其母甲姑,娘家在永定抚市社前植居楼,她经常带着廖瑛回娘家探亲,一片孝心天人可鉴。廖瑛功成名就后,为表达娘家人对自己从小辛勤耕读、求取功名的一片关爱感激之情,提笔写下横批为"亦爱吾庐"、上下联为"筑庐栋宇家声振,结肆门阑气象新"的一副对联赠予外婆家人。其外婆家人对此十分珍惜,将这副对联贴于新建成大楼的门楣前,以此教育后人。

存觉说，廖瑛进士得到了当今圣上重用，外放三品巡按，当他返乡探亲到外婆家省亲时，社前村村民以隆重的礼仪欢迎他，在新建的大楼处依制铺垫"三宕石"迎接他，大家对其身居高位、知恩图报的博大胸怀交口称赞。

这一天乾隆心情很好，他听赖存觉讲完后，也饶有兴致地与存觉聊了起来。他说，他也曾经在廖鸿章掌教的苏州紫阳书院游玩过，并与廖鸿章和过诗。乾隆当场朗诵了他们和的诗。乾隆诗曰："书院邻泮宫，讲学兴贤俊。斯为储才地，董率尤当慎。潜老鸿章继，相许如廉蔺。章更闽中人，紫阳道应振。性理无奇言，躬行敦至训。人已审所为，改过要不吝。去华以就实，素位惟守分。克己苟费力，外染将乘衅。适因礼至圣，宫墙仰数仞。过泮接诸生，为诵勖新进。暇当付剡藤，挥毫意以运。"廖鸿章和诗曰："幸学礼先师，瞻天率群俊。衿佩来彬彬，拜服同属慎。恩光照葵藿，薄植惭莞蔺。正学师紫阳，道以前修振。微臣纵孱弱，敢勿识明训。鹿洞有遗规，敦行去疵吝。煌煌御书额，学古贵循分。自炫与自媒，一失百业衅。当讲习美经，何愁墙数仞。先后读赐诗，淳复励后进。愿言自切磋，上应文明运。"

存觉听了乾隆朗诵的诗后，由衷敬佩，连赞道："好诗！好诗！"心想，能与廖鸿章进士掌教和诗之人，一定是有大学问且身份特殊高贵的人。

接着，存觉如数家珍地介绍说，乾隆朝福建永定人杰地灵，人才辈出，进士很多，有仙师瑶上村王见川，字道存，号畜斋，别号介石，清雍正十一年（1733年）进士，任郎官，乾隆丙辰年（1736年）补殿试，选翰林院庶吉士，"旨选读中秘书，侧文学侍从之列"。乾隆二年（1737年），永定进士有四人：赖能发，字锡符，永定古镇人，任宁夏永宁县知县；廖鸿章，字南崖，选清书庶吉士，授翰林院检讨；

廖瑛，字璞完，官至江西按察使；阙文，字蔚湖，官乐陵县知县。乾隆十七年（1752年），有进士廖连三，字岳云，官至分水县知县。他还告诉乾隆，永定县在清顺治时中举者有4人，康熙时中举者有32人，雍正时中举者有7人，乾隆时中举者有16人。乾隆听后，大加赞赏："永定真是魁星临幸的好地方啊！"

谈话间，不知不觉船到了码头。这时，只见岸边停靠着一艘普通的游船，船上走下一人，向乾隆走去，两人悄悄说了一会儿话。乾隆回身对存觉说并："老板，我们船上粮食不够了，请你帮个忙，想办法帮我们接济些粮食。"存觉答应说："小事小事，请稍等，我的店铺就在附近，等一会儿我叫伙计给你们送一些粮食来。"存觉当即吩咐伙计回店铺拿了一些粮食和用品，并亲自送到了乾隆的船上。由于乾隆皇帝是微服出游，所携带银两也已经快用完了，又不想惊动地方，所以才会向存觉求助。

乾隆皇帝离开时，对存觉说："所借的粮食到时我会派人送到你的店铺。"赖存觉一贯乐于助人，他对这位向他求助的人，既没问他是谁，也没向他们收取资费。送走乾隆一行后，他就回到了自己的店铺打点生意。

时间过去了一个多月，有一天，赖存觉送走乾隆一行那间店铺的伙计匆匆前来向他报告，说苏州官府派人到了店铺，而且仪仗队伍十分排场，不知何事，要他赶紧过去。赖存觉对此也十分茫然，不知何故，便急急忙忙赶了过去，到后才知道是圣上传旨，乾隆皇帝御赐永定条丝烟为"烟魁"名号，要他前来接旨。至此，赖存觉才如梦方醒，想起了一个多月前发生的事。当时前来搭船并与之畅谈，同时向他请求帮助的人，原来就是当今的乾隆皇帝。

接旨后，赖存觉立即派人将御赐"烟魁"封号制成牌匾，并分

"烟魁"牌匾

挂各店,永定条丝烟由此声名鹊起,轰动了苏州、扬州,成为江浙一带的金字招牌,并迅速传遍了大江南北。从此以后,永定人在加工经营条丝烟时,都会在所有外包装的封面上印上"烟魁"二字。永定全县条丝烟的生产经营进入鼎盛时期,生意蒸蒸日上,十分兴旺。

4 烟魁：出魁耀门庭

这年（1757年）冬天，赖存觉回到家乡后，便将在苏州与乾隆皇帝的奇遇及御赐条丝烟"烟魁"称号这一特大喜讯告知父老乡亲。顿时，全族上下无不为之欢欣鼓舞。

当时，在乾隆六年（1741年）建造的聚奎文馆内读书的赖氏子弟得知此事后，大家非常高兴，深感这是本族荣耀，纷纷提议要进行隆重庆贺。在竹林文会聚会的秀才们更是激情洋溢，一致认为要通过举办大型活动的形式来庆祝这一重要事件。连日来，聚集在聚奎文馆内的文人不断增多，大家出主意、提方案，并与在聚奎文馆读书的赖氏子弟逐步达成共识，都认为此事不仅值得庆贺且事不宜迟，应该赶在新春佳节期间举行活动。

至于采取何种方式、举办什么活动的问题，大家较为一致的看法是，客家人以崇文重教、耕读传家为根本，当今皇帝称赞永定是"魁星临幸之地"，庆祝活动可以围绕这个内容进行。

讨论中，有人谈到，传说中的奎星是二十八宿之一，是民间信仰的"五文星"之一。古人对凡司科甲主文事的星宿都称为"文昌"，又称为"文星"。传说大魁夫子才高八斗，三次赴京考状元，皆因相貌丑陋而未能得志，遂悲愤投海，经鳄鱼搭救升天化为魁星，主文运科甲登第之事。民间信仰魁星，孜孜举子尤为虔诚。这次乾隆皇帝又恩赐条丝烟"烟魁"名号，不仅是永定烤烟的荣耀，也是对赖姓全体族人的激励。因此，大家一致认为，为与不辱魁星临幸之光，秉承客家人耕读传家的传统相契合，元宵庆贺活动的内容就以"魁星点斗"为主题，活动的名称就叫"出魁"，与客家话"出贵"谐音，含金榜题名独占鳌头之意，寓意获得皇帝钦命，祈求本族人丁兴旺、人才辈出、事业发达的美好愿景。

关于"出魁"活动的规模问题，大家同意以"魁星点斗"为主，以文武财神为辅，场面要大，全族各家各户都要参与，要有仪仗队，犹如皇家出巡，配有鸣锣开道，有钦命、魁星、文武财神、司命真神牌，还有凉伞、彩旗、喇叭乐队。习武者负责十八罗汉鼓、舞龙，其余以楼为单位出节目，故事内容自选，可以取材于神话故事、民间传说、经典名著、传统戏剧等。节目均采用人抬的轿式假山，扮演者以男童为主体，表示人丁兴旺。庆贺时间定于每年正月十五元宵节的白天，过去传统的元宵闹花灯照常举办。

会馆的学子们形成一致意见后，大家立即行动起来，由各楼的生员回去分别向各房家长汇报，并建议召开族内家长联席会，尽快开展活动的筹备工作。

5 社前出魁惊艳亮相

在社前村,赖姓族人本族内的一些重要事务,通常通过召开家长联席会议来协商解决。出席联席会议的对象均为各房的家长,族内大事均由族长们召开家长联席会议商量确定。召集人被称为"大家长",一般由族内德高望重、辈高年长的人经推举担任,任期不定。

当时,担任社前赖姓大家长的是倡建聚奎文馆的逊亭公(名文道,字存学)。根据聚奎文馆、竹林文会的秀才学子们的建议及多数族人的意见,他很快召集了本族各房家长到文馆召开会议,并邀请已经返乡的条丝烟经营者参加,专门商量举办庆祝活动事宜。

会上,宾仪公(赖存觉)介绍了在苏州巧遇乾隆皇帝及御赐"烟魁"称号的过程,叙堂公(赖存资)介绍了聚奎文馆和竹林文会的学子们提供庆祝活动的建议方案。大家认为皇帝恩赐千载难逢,是全族莫大荣耀,值得合族庆贺。尤其是经营条丝烟的商号老板更觉得这是一个难得的赢利商机,提出不仅要庆贺,而且要大庆。最后,经族老们合议,会议认可了两个会馆的秀才们提出的活动方案,并对方案进行了补充完善,确定了活动的组织形式、经费筹集方式、节目形式、时间、路线等相关事宜,决定在次年的正月十五元宵节举行盛大的庆贺活动,在正常闹花灯的基础上增加日故事的活动内容。

这次会议确定了今后每年元宵节都要举办出魁活动的制度，并明确每年的活动主要由"故事头"牵头的活动负责制。故事头由分别扮演魁星、文财神、武财神这三人组成，具体负责整个活动的组织筹备及实施，负责组织仪仗队，巡山狩猎人员由文馆负责组织，其余节目由各楼自行负责。

第一次举办如此盛大的出魁活动，"魁星"扮演者、也就是"故事头"由谁担任，成为全体族人瞩目的焦点，因为它是这次活动成败的关键。对此，经过讨论，大家一致认为，首次扮演魁星者非赖宾仪莫属，由赖叙堂与赖毓堂（名文进，字存先）辅助配合，他们是一组最佳搭档。因此，大家一致同意社前村首次举办的出魁活动，就由他们三人负责，赖宾仪几位也欣然接受。

关于活动节目，会上明确以楼为单位出节目，每栋楼参加的节目由各楼自报。在各楼上报初步形成的节目单中，仪仗队由鸣锣开道、钦命、魁星、文武财神、司命真神牌、凉伞、彩旗、五色锣鼓队、喇叭乐队等组成；节目由魁星点斗、文武财神、千秋架、和合仙、八仙过海（船板灯）、王母娘娘上寿、观音送子（铁机）、郭子仪上寿、四进士、桃园结义、麻姑进酒等组成；夜故事由大小龙、十八罗汉鼓、穿花篮、十番、采茶舞等组成。

有关活动经费，原则上由各家负责，公众部分的服饰、道具购置费由公烝收入支付，也接受富裕者的捐赠。节余部分作为公产，由专人妥善保管，留作下次使用。各房所添置的服饰道具由各房保管。

出魁活动的时间定在每年正月十五元宵日的辰巳时之间，集结地点在观音厅前坪。天后宫建成之后，改在天后宫前，集散地点在赖氏家庙。

关于出魁活动的路线，商定由集结地出发，经村中心大道到大观楼前的观音厅，上老街的万寿寺，沿街到达新街的聚奎文馆，进入龙梅驿道（今福三线）到水口回龙宫，最后返回家庙。魁星、文武财神到家庙（天后宫）、观音厅、万寿寺、文馆、回龙宫后，必须下轿，入内朝拜，在妈祖、观音、炎帝、孔子、龙王诸神前手持斗笔，朝空书写祝福全族风调雨顺、五谷丰登、财丁兴旺、金榜题名等吉祥语。龙、鼓、乐、花篮等必须在这些地点的前坪穿舞表演。所经过的楼宇必须鸣炮迎接出魁队伍。

这次为举办出魁活动所定下的规矩，得到了全村上下的一致拥护和支持，并从此延续了几百年。

乾隆二十三年（1758年）正月初一，社前全村沉浸在一片热闹喜庆之中。年初一，家庙内举办"新丁酒"活动，上午辰时，上一年所生新丁之家全都备好祭品，入庙告祖，抬着新丁酒来到祠堂前与梓叔共欢，开怀畅饮，场面蔚为壮观。年初二，媳妇们回娘家，来来往往，社前闹元宵的喜讯迅速传播四方。走亲串友告一段落后，各楼立即投入紧张的准备工作之中，扎花灯、糊灯笼、制假山，家家户户忙。初七、初八锣鼓响，起鼓、舞龙、穿花篮的人员就进入场地练习，各楼已经开始悬挂宫灯、走马灯等各种各样的灯笼，孩子们在晚上就提着灯笼走楼穿屋嬉戏。十二日晚，龙灯、大鼓到观音厅起鼓穿舞，告知全村人准备出魁，鲤鱼灯、竹马灯、花篮灯、采茶灯、船板灯等灯阵到各楼进行团拜，闹花灯一直要到十七日庙祭结束才告一段落。

乾隆二十三年（1758年）正月十五元宵节上午，社前村首次出魁活动在抚市举办，立即轰动一时，吸引了周边十里八乡的人员前来观赏，家家户户亲朋满座，热闹异常。

社前村的元宵出魁民俗活动从此正式亮相，并一直深受人们喜爱，

社前出魁

几百年来极少间断,越办越好。由于其内涵丰富、规模宏大、独具特色,影响也越来越大,逐渐成为闽西客家地区具有重要影响的元宵节庆民俗活动,并代代相传,沿袭至今。

民谣曰:"魁星出巡临幸地方,魁星点斗造福八方。五谷丰登粮食满仓,生意通达越过长江。崇文重教家家书香,高楼大厦抚溪名扬。烟魁声名远播城乡,烟草经济永定流芳。"

二 活动筹备严密有序

社前出魁民俗活动参与人员多、规模大，长期以来，主要通过赖姓族人在本族内设立的理事会或家长联席会议的形式进行组织协调。

明清时期，农村基层实行里坊制，社前属于永定县丰田里。民国期间属区、乡管理的社前联保。1950年至1984年设立抚市乡期间，历经农会、初级社、高级社、人民公社，社前隶属抚市公社的一个大队。1982年修订颁布的《宪法》第111条规定"村民委员会是基层群众自治性组织"。之后，村民自治制度不断完善。1998年,全国人民代表大会常务委员会通过《中华人民共和国村民委员会自治法》,农村村民自治成为一项社会基本政治制度,社前隶属抚市镇下辖的一个村委会。

家长联席会议是社前村赖姓村民管理本族事务最早的自治组织形式,并一直延续到1950年。农会存在期间,有参与组织民间的一些活动。当村里出现行政管理与民间事务管理脱节时,村民就自发组建理事会,负责及时处理村里一些重要事务或重大活动。从2004年起,社前村赖姓理事会就停止了议事活动,村里一些民间事务都由村民委员会接管处理。

社前出魁活动的组织形式是"故事头"负责制,首先由家长联席会推举"故事头",由"故事头"全面负责活动的组织筹备及实施,同时由村里的礼生理事班子全程协助"故事头"搞好活动。

1　组织分工约定俗成

客家人聚族而居,因此十分重视优良家风的传承。客家人认为,一个家族几十人甚至几百人同住在一座规模巨大的土楼里,必须有良好的家风。家风好,家庭和睦,家族才能兴旺发达。

自明嘉靖初年,社前村的赖姓开基祖赖景让之孙赖月溪(字廷富)率四个儿子(月塘、竹居、有志、乾山)牵头建了赖氏家庙以来,在赖姓家族内部共商做事成为良好家风。赖有志全家外迁,留在家的三房人丁兴旺。之后,遇到事情各房家长共同协商成为本族内的好风气。

进入清代,社前村人口发展迅速,尤其到了康熙年间,赖姓族内支脉家庭增多,男性人丁达200余人,三大房家长会逐渐增加人丁较多的支脉家庭代表参加公议。乾隆年间家长会由"三大房"过渡到"八大房",不同会议内容会邀请相关人员出席,这种组织形式是家长制的延续。

家长联席会的召集人被称为"大家长",经推举得到公议后产生,负责管理公产祠堂、学馆、庙宇的公烝田收支,接受捐赠,召集共商处理修祠庙、修族谱、新建公共设施或族老提议需要处理的族内重大事宜。经家长联席会协商通过形成的决议,全族上下都能同心协力认真执行实施。

家长联席会议通常只对族内的重要事情或重大活动提出处理原则，以及决定牵头负责人。一经会议确定，具体事务就由牵头负责人自行处理。

从乾隆二十三年（1758年）起，社前村每年闹元宵民俗活动就分为夜故事和日故事。至于活动如何组织，家长联席会对此早已明确，并延续多年。

社前夜故事的组织形式，基本由各房自行负责安排。

明朝时期，社前闹元宵活动一般从初五"小正"就开始扎灯，初八点灯，十七结束，前后持续整整十天。因此，社前赖姓春祭家庙每年安排在正月十七日，以闹祠作为元宵节庆活动结束的标志。

节庆活动的组织由礼生负责，实行按照祭祠长幼房按顺序轮流排位。因人口不多，楼宇较少，每晚穿楼过屋观灯，全村游灯活动也很快结束。但形成的习俗却一直延续下来。在清康熙时期，房屋增建许多，居住点扩大，闹花灯拜年形成本房内互拜和跨房互拜，因此形成先送拜帖，拜帖注明一棚、二棚、三棚顺序，张贴在准备前往楼宇的大厅墙上。夜晚起鼓，龙灯及各类花灯、十番、舞蹈前往该楼。一、二棚为过场，三棚驻足打尖，即主家要准备夜点提供恭贺之人点心。

社前日故事的组织形式，主要由故事头牵头组建临时性理事机构负责实施。清乾隆年间，社前闹元宵有了白天的出魁活动之后，产生了统一负责组织日故事的出魁及夜故事的故事头，他不仅是魁星扮演者，还要负责牵头组织全村白天和晚上的活动。

承担活动组织的故事头工作量非常大，需要众多方面的协助。出魁活动阵容大、人员多，需要各方面的协调配合，活动才能有序进行。为此，他们延续了红白喜事聘请礼生理事班子的形式，由故事头负责聘请礼生理事班子，由礼生理事班子具体负责化装、服饰、道具及礼仪等繁杂的后勤事务。

通常由礼生负责策划与总指挥协调，司仪负责魁星化装与服饰道具，总管负责后勤与财物。

礼生职责：一是出魁队伍的次序安排，为了避免抢先造成混乱，一般采取抓阄处理，对同名节目次序进行适当调整；二是确定队伍巡游路线；三是安排维持次序的工作人员及责任区域；四是调度打前站人员的工作任务；五是对突发事件进行处理。以上有关事项所需的人员由故事头负责召集，近年来村委会成员也参加现场管理工作，有效地减轻了故事头的压力。而礼生侧重指导魁星扮演者做好礼仪方面的事情。主要有：准备好拜帖、告神单、书空单等文告；全程陪同魁星参神、告祖；现场指导魁星扮演者的礼仪；检查、指导、协调仪仗队的准备工作和现场管理。

司仪职责：一是为魁星化装；二是为魁星参神告祖司仪；三是落实仪仗队的服饰道具；四是配合现场协调；五是故事全程追踪；六是活动结束后协助魁星卸妆。

总管职责：一是落实就餐人数；二是做好后厨服务准备工作；三是安排采购事务；四是备好回礼红包与物品；五是管好开支账本；六是处理善后工作。

故事头的工作：从正月十二日起，向每座楼宇发送拜帖，先由专人送往各房各楼。到了晚上，故事头带着侍神、一对灯牌、一棚大鼓和龙灯首先到观音厅前参神，焚香礼告，擂鼓舞龙，向全村宣告元宵闹故事开始。然后前往接到拜帖之楼，队伍到每座楼大门前，主家鸣炮迎接，持灯牌者将灯牌靠在大门外墙两旁，龙灯在大门坪外游走表演，龙头朝大门点头三次，故事头与侍神入楼在祖堂上焚香礼告。厅堂大的，大鼓队入厅擂鼓一通；厅堂小的，半棚大鼓入内，半棚大鼓在外，就这样依次紧张进行。待到三棚之楼，一般已经是子时了。拜楼队伍打尖结束，当日拜楼任务完成，次日继续。到十四日晚，拜楼必须全部完成，因为到了子时魁星扮演者必须到观音厅和天后宫参神。参神时，魁星扮演者将备好的五牲五果摆在观音、妈祖神座前告神。

社前村首次出魁活动的形成及成功举办，正是在这种机制下运作的。由竹林文会经过反复商议形成议案，提交家长联席会议形成有原则可操作分工协作决议，供各家各户执行。由于是孩子们坐轿，孩子的安全由父母保障，出魁队伍的安保工作由故事头负责组织与协调，家长与抬轿轮换者负责维持秩序。

在社前村被推举为故事头，首先是荣耀的象征。社前人认为，能够成为故事头是一种荣耀，也寄寓大家来年能够巧遇贵人、得到好运气的美好愿望。在这个烟商林立的村落里，经济条件好的人不少，很多人都期望能获得当故事头的机会。因此，次年之后，在社前村就形成了大家争当故事头的局面。每当推举出魁活动故事头的人选竞争激烈，在协商无法解决时，就由族里的"大家长"协调依次担任。

下一年故事头的轮换一般在本年度内酌定。

特殊情况下，为确保活动开展，也出现过由农会或理事会出面组织出魁活动的过渡形式，但仍然采用故事头牵头负责的运作机制。

1950年成立农会，1956年成立合作社后农会逐渐停止活动。农会是群众组织，所以参与了出魁活动的组织与管理事务。

1986年，在旅台、港、澳等宗亲的发起及经费支持下，为对在"文革"期间遭到破坏的赖氏家庙及天后宫进行维修，于是成立了"社前理事会"，组织村里的修祠、修庙、修谱，组建社前奖学基金会和社前基金会（民间借贷金融机构）及元宵出魁活动等。2003年，理事会停止活动，出魁活动由村民自治委员会组织，之后一直延续至今。

1994年，民政部颁发《关于开展村民自治示范活动的通知》后，农村村民自治制度逐步完善。从2004年起，社前村村委会开始介入民间活动的组织与协调工作。

2 故事节目推陈出新

聚奎文馆是供社前村所有赖姓子弟读书的学馆,在乾隆六年(1741年)由赖文道(字存学,号逊亭,1690~1769年)发动全族集资建成。乾隆十七年(1752年)由赖文功(字存资,号叙堂,1715~1779年)与赖春发起捐赠活动,置书田,在聚奎文馆内组织成立竹林文会。赖文功在乾隆丁丑(1757年)毕业于聚奎文馆,获得童生资格,乾隆辛卯(1771年)恩授贡生。赖春(又名亦梅,字朝魁,号冠三,1725~1771年)为乾隆丁丑(1757年)邑庠生。贯通经史,工书法,参加乾隆版(1753年出版)县志编修工作,与举人黄睛河、岁贡张作和合著《松三堂格言》刊行。文会成立时有童生23名,庠生5人,乾隆甲戌(1754年)庠生赖桂月(字馥川,号华宇,1724~1798年)襄理文会。当年冬,文会得知赖存觉巧遇乾隆皇帝,获得御赐"烟魁"称号,让其成为出魁活动智囊团的总策划。

文会中赖春、竹峰是一房代表,策划了船板灯配八仙过海节目;赖乃廷是三宕石甲姑兄弟,策划带子转门节目;赖存学、存素、存恒、桂月是春台房代表,策划了铁机配观音送子、王母娘娘上寿节目;乃章与鸿文是纶嵩房代表,策划了寿星、和合仙节目;贡元赖廛山、存健、存价、乃恭是皆和房代表，延续夜故事中的十八罗汉鼓，策划了五子登科、将相和节目；月塘房代表有6人，与怀良房一起延续夜故事中的舞龙节目，其中存启、存日与三房坪居住乔伯房的存仁、存义和乾山房的存增一起策划了千秋架节目；赖选（字文若，号镇隐）是当时的邑武生，负责指导大鼓、舞龙等武馆节目。三及第、四进士、郭子仪上寿、麻姑进酒等传统节目的策划失记。

1930年，赖水春担任故事头，扮演魁星，策划增加游山打猎节目。

1937年爆发抗日战争，赖凤兴、灶兴策划增加了工农兵学商节目。

1945年抗日战争胜利，赖国成、灶兴策划了和平女神节目，炳隆装扮成女神，汉隆、庆梅、庆金、文清分别装扮成蒋介石、斯大林、罗斯福、丘吉尔。

1950年，恢复渔樵耕读节目。

1983年，桃源村策划桃园结义节目，成为传统节目。

1994年，在抚市水泥厂工作的赖宗荣、宏华、启庆、启忠、永斌等5人策划了五虎将节目，并分别担任关羽、张飞、赵云、马超、黄忠等角色。

2004年之后，废除女性不能上轿参与出魁的规定，传统文化中女性题材节目爆发性增长，直接由女孩扮演角色成为出魁中的新亮点。

3 花轿制作相沿成习

在抚市闹元宵活动中,传统的方式主要是游花灯。明代的做法是从正月初八开始至正月十七日结束。清代的做法是从正月十二日开始到正月十七日结束。由于活动时间长,逐渐形成穿楼、穿村游花灯的习俗。晚上,在宽仅1.2~1.5米的石砌村道中行走,灯火是必备条件。点灯的燃料基本上采用蜡烛与食用油,照明采用"松光"(老松树根部已经转变成赤色的部分)在"松光罩"内燃烧,由专人提举作为路灯照明。20世纪40年代以后,开始采用汽灯。90年代后,使用电瓶灯源,以及各类装饰灯具。因此,游灯以行走方式进行,当地称为"落地故事"。21世纪后出现彩车。

社前坐轿故事,是在儿童游戏"崠太子"(孩童坐骑在长辈肩上)和"坐花轿"(两人四手交叉互握,上坐一孩)的启发下产生的。少年可以穿花篮、划旱船、踩高跷、踩竹马等,为了让较小的儿童也能参加欢庆活动,出现了船板灯这种似船如轿的节目。出魁活动产生后,在白天举行节庆活动,克服了路况与灯光的不足,可让更多的少年儿童参加节庆活动。夜故事以中青年为主体,以落地故事为主要方式。日故事则是以5~10岁的儿童为主体,以轿子为载体的节庆方式。

轿子制作

在轿子的制作方面，早期多为组装式的，即就地取材，由桌、椅、抬杠等组装而成，一般为活动式，拆卸方便，采用固定式的轿子较少。近一二十年来，路况条件好了，固定式的轿子也多了起来，组装式的逐步被淘汰，并逐渐发展为采用轮推式的彩轿。

制作轿子的材料传统上为木质，现代更多采用钢铁类与合金类材料。轿子的结构主要由支架、平台、座椅、护栏、抬杠等组成。在轿子制作方面，没有统一规格模式，由各家各户自主设计制作，只须达到牢固、安全、舒适、轻便、有微场景布置空间即可。

出魁活动的轿子主要分为单人、双人、四人等普通轿，船板灯、千秋架、铁机等特色轿。

组装式轿子，如坐姿轿，由八仙桌面、凳椅、抬杠等组合，采用棕索绑牢，罩上轿套即可使用。这些用具家家户户均有，组合方便，拆卸容易，一物二用。

魁星正神和文武财神要求使用太师椅。其余故事节目轿子的制作，通常根据故事内容选择竹椅、藤椅、条凳、矮凳等坐具。单人轿也有直接将抬杠绑在太师椅边，将脚踏板固定在杠上，罩上椅罩就成为简易轿子。立姿轿是将八仙桌面卸下倒置，上放置凳椅，把抬杠穿过凳椅，全部捆绑牢固，桌面再布置假山。

组装式轿子的轿面，通常采用八仙桌桌面，边长一般在0.9米以上，多为硬木，可容纳1~4人的节目，3~4人节目以条凳和矮凳来形成高低层次，后排加高到与桌脚相平的高度，层次感更突出，最多一桌可容纳8人。因此，被称为"桌子戏"。

组装式轿是传统的方式，八仙桌与太师椅均为硬木所制，自重大，所以抬轿必须有8个人。改革开放以后，这种传统笨重的组装式轿子逐渐退出历史舞台，被新式轻便的专用轿子所替代，抬轿人数减为4人。

固定式木质单人轿通常有平台式、落地式和沙发式等三类。平台式的轿子长宽各为80~92厘米，高35~45厘米，平台四周加30厘米左右高的护栏，亦可放置藤椅；抬杠两根，长3米左右，绑牢在轿子底板下方即可。落地式的轿子高80~90厘米。平台式与落地式轿子均加安全护栏，护栏高25~33厘米不等。沙发式的轿子在平台式轿子的基础上增加后挡板，高45厘米，平台上置藤椅就成为魁星、文武财神专属用轿。

固定式双人轿。通常有平台式和凉棚式两类。平台式长110~120厘米，宽一般为90厘米左右，高90厘米左右（含护栏高度），座椅有前后安放与并列摆放两种，多余空间用于装饰微场景。凉棚式是在平台式的基础上，搭盖遮阳棚，棚高120厘米左右，有四柱式和二柱式两类。

固定式三四人轿通常有平台式和凉棚式两类。平台式长130~145厘米，宽一般为92厘米左右，高90厘米左右（含护栏高度），座椅有前后安放与并列摆放两种，多余空间用于装饰微场景。凉棚式是在平台式的基础上，搭盖遮阳棚，棚高120厘米左右，有四柱式和二柱式两类。

轮推式三四人轿一般也有平台式和凉棚式两类。平台式长140~186厘米，宽一般为90厘米左右，高120厘米左右（含护栏高度），座椅有前后安放与并列摆放两种，多余空间用于装饰微场景。凉棚式是在平台式的基础上，搭盖遮阳棚，棚高150~170厘米，有四柱式和二柱式两类。杠长一般为3.4~3.6米。

初期的铁机是可拆卸的轿子，简便些的就在桌脚上加固板凳，后来为了安全制成了专用轿，即在 2×0.75 米的轿面上竖起 1 米高的固定立柱，上置莲座，形成有高差的坐姿造型。这种立体造型更受欢迎。再后来，有人以铁做支架支撑莲座，因此被称为"铁机"。客家语中将"铁棍"称为"铁机子"。"铁机"成为观音送子传统节目的代称。1946 年元宵节时以"和平女神"的节目庆祝抗日战争胜利。2000 年，赖德林在传统铁机的基础上，制作专用轿子，将钢管支撑莲座固定在轿面，在观音身后立起两根可旋转的篾编蟠龙。

千秋架通常有四人转和六人转两种。传统的千秋架是四人转，支架形似碓架，方框 2×1 米、四脚高 40 厘米、二立柱高 185 厘米，柱顶 180 厘米处打洞作为轴承，四根长 180 厘米的 4×6 厘米方条木穿过直径 15 厘米的转轴制成转盘，条木端部打洞悬挂吊篮，柱、轴、条均为硬木，刚性耐磨，卯榫结构。主要缺点是太重。2000 年仿制新型千秋架，采用木质支架 200×100×88 厘米，钢柱安装现代轴承，轴心高 190 厘米，轴、转盘、吊篮均用钢结构焊接，转盘直径为 196 厘米。2010 年新增六人千秋架，全部采用钢结构焊接，转盘直径为 2 米，轴心高 1.85 米，轿座整体 2.49×0.895×0.75 米。

船板灯最初设计是供八仙及千里眼、顺风耳节目等 10 人乘坐的，主要由船头、船尾和活动船身组成，一共 10 节，节与节之间用活动木栓拴定在抬杠上，可以转动。现拓展为 15 节，可以根据需要任意组合。每节船身长 1.92 米，宽 0.65 米，护栏高 0.4 米。新做增加一节船头，造型或尖头，或圆头。

20 世纪 80 年代恢复出魁活动以来，千秋架、铁机和船板灯等为老式轿子。随着成年人扮演节目增多，首先需要改革笨重的组合轿。因此，以新式单人轿替代传统的以太师椅和桌面组合而成的老式轿，

千秋架

制作船板灯

成为突破口。由赖德林（1940~2003年）提出新的设计理念，画出图纸，赖钟隆、赖崇俊等参与完善，由木匠赖奎显具体制作完成的新式单人轿，取代了传统笨重的组合轿。从此，"桌子戏"退出了历史舞台。在这以后，赖德林不断设计出的各种新式轿子，成为了现代普遍在使用的轿子。

2000年11月29日，社前村的出魁民俗项目，被邀请在龙岩市举办的世界客属第十六届恳亲大会上进行表演。在此次表演中，赖德林对传统轿子进行了改造，设计制造出不少新颖的故事轿。如在千秋架上增加了"孔雀开屏"，在铁机上增加了蟠龙，并变固定式为旋转式，船板灯也增加了龙头、龙尾，成为龙船，在全球客家人的盛会上大放

春秋架

二 活动筹备严密有序 | 39

异彩，获得不少海内外客家乡亲的赞赏。

轿子装饰

故事轿的传统装饰通常由轿套与假山两部分组成。

轿套的装饰：轿套由椅罩和桌罩组成。椅罩由锦缎制作而成，桌罩由绣花桌围和红布组成。抬杠一贯有标红，即用红纸或红布缠裹杠身。

一般太师椅式轿的轿套直接将毯子覆盖在椅子上即可，魁星轿的轿套则有专用的刺绣轿套。

桌式轿通常采用红布绣花桌围，刺绣图案一般是"金玉满堂""龙凤呈祥""五福齐全""财丁两旺""富贵双全"等。

假山由竹编成型，纸糊上色作画，布置成微场景。

新式轿的装饰在设计思路上拓展了空间层次，增加了不同材料的装饰效果，突出了微场景的表现内涵。每座轿子均有轿套和标红抬杠，大体有简易式、场景式、凉棚式、亭阁式、布景式、假山式六种类型。

简易式：一种是直接在座椅上铺上红色毛毯，全部标红即可，如魁星、文武财神等坐式轿；一种是在轿后增加一面旗帜作为标识，如五虎将的坐式轿，分别增加关、张、赵、马、黄。

场景式：一种主要由花草丛布满轿台，即平铺轿台或在轿背立铺，如女性题材的立式轿和儿童题材的坐式轿；一种是增加部分道具，如笔墨纸砚、案几、兔子、鼓等。

凉棚式：一种是伞式，如船板灯每节撑一把伞，皇帝、皇太子轿撑凉伞；一种是在轿顶撑凉棚，有前伸式和支撑式两类。凉棚式主要是便于遮阳避雨，保护儿童。

亭阁式：在轿顶上增加屋顶造型，有亭式、歇山顶式和平顶式，如四进士、五子登科、翰林书院等节目。

布景式：轿后增加布景画面。

假山式：制作较复杂，依据节目内容设计。

20世纪80年代恢复出魁活动后，在轿子的装饰上，不断进行了创新。如八仙过海轿需制作硕大的芭蕉扇，寓意八仙是乘坐蒲扇过海的，也起到遮阳防雨的作用，在千秋架上装遮阳棚，在船板灯上增加船头、船尾造型等。赖德林于1993年在铁机上装饰凤凰，1997年对铁机莲座进行改造，增加了安全性、美观性，2000年设计了蟠龙铁机，在千秋架上设计了孔雀开屏，还开发出榴莲戏蝶、龙凤呈祥、弄玉吹箫等装饰效果。他的设计思路，激发了群众性的创造热情，鲤鱼跃龙门中采用竹编鲤鱼和龙门作为场景，哪吒闹海等节目的莲花采用竹编或铁线编织成莲瓣，龙太子增加竹编龙尾，用盆景替代假山作为背景的有竹林贤士节目，等等。

2000年参加在龙岩举办的世界客属第十六届恳亲大会表演时，社前出魁项目参加入场式，其故事轿依次是蟠龙铁机，扮演慈航普渡；千秋架，扮演四学士；船板灯，扮演八仙过海。这些轿子的设计与装饰均由赖德林完成。当会旋转的蟠龙铁机轿子进场时，中间铁机莲座上站立着"观音菩萨"，其捧净瓶，挥拂尘，"金童""玉女"分骑龙头、龙尾，引起了现场观众惊叹，仿如观音现世，大家无不为之顶礼膜拜。

赖德林不仅在恢复社前村的出魁活动中做出了很大贡献，还为出魁活动注入创新的活力，使故事轿设计形成灵动的装饰风格。他的代表作有蟠龙铁机、凤凰展翅、孔雀开屏、榴莲戏蝶、龙凤呈祥、弄玉吹箫等。

2004年以后，在社前村出魁民俗众多传承人中，赖登锋脱颖而出。

在继承赖德林故事轿设计装饰理念的基础上,他独树一帜,特点是突出运用花草,形成花轿风格。在社前村出魁民俗项目参加2006年省十三届运动会和2014年土楼风情节表演时,由赖登锋设计与装饰的轿子、船板灯、铁机成为其代表作,近年来一直流行。

4　故事装扮不断创新

20世纪以前,出魁故事节目扮演者均为男童,仅魁星、文武财神可以享受坐轿待遇,其余成人扮演者只能参加仪仗队和落地故事。如参加龙舞、大鼓、五色锣鼓、十番音乐等活动项目,或参加带子转门、寿星等节目表演,再有就是担任轿夫。落地故事大多用较好的时装,装扮相对简单。

在清代,由于男人都留长发,儿童垂髫遮囟门,发辫分梳成总角,遇女性题材节目时,发型都比较好处理,按所扮角色梳理即可。在传统节目中,女性角色有观音、何仙姑、王母、麻姑等,化装相对简单,扑上胭脂粉即可。

出魁活动化装的重点是对魁星扮演者的装扮,也因此形成了一套完整的程序。

面具的使用成为化装的主要辅助手段,采用面具的人物有魁星、文财神、武财神、寿星及落地故事节目等。还有假胡须、假发的运用,魁星必须采用赤红色假发,文财神用假黑须,武财神用假红须,其余角色一般不用。魁星服采用专用背心,文武财神采用文武官服。

儿童节目中,服饰基本由本地裁缝制作,选料多为绸缎,式样多为汉服。在神仙节目中多以道服展现，在科举文化节目中多以明服展现，儿童官服大多自制，精选材料自绣图案，一用就是几十年。也有日夜故事专用服，如船板灯扮演者白天坐轿，晚上穿花篮，统一服装。化装与服饰一直沿用到改革开放以后。

在民国期间，出魁增加了五个创新节目，四个落地故事均由成人扮演，化装简单，游山打猎佩戴面具，扮演不同角色，服饰以猎人装为主；士农工商穿自然角色时装，后改为工农兵学商，常用铁锤、锄头、枪、书包、算盘等表意；渔樵耕读，渔人背渔网鱼篓，樵夫担柴，耕者背木犁，读书人捧书摇扇。后来全部落地故事并入仪仗队，均采用面具。

在面具的制作方面，传说是由社前一位外出经商者，在一次外出经商途中，偶然拾到戏班子的道具箱并带回村里，然后依据样式复制而成。

魁星面具的制作，主要依据为魁星相貌是"五岳朝天"的传说，所以采用瓷土填平面型，呈扁平状，在额、颧加高，呈前凸状，并着色。其余面具统一规格，多达三四十种。

"文化大革命"期间，由于"破四旧"，过去传承下来的面具模具已被全部销毁。改革开放后恢复举办出魁活动，赖德林采用古法自制成型，才使面具制作得以传承。再后来，赖启芳采用树脂复合材料制作面模，至今仍然在延续使用。

会魁星化装技术的正华、德林、德忠、日雄，懂得其他节目化装技术的茂隆、炎显、德隆，以及裁缝旺显、启芳等老一辈的化装与服饰传承人大多健在，因此基本保留了出魁民俗活动传统的韵味。

1998年，赖启芳开办抚市戏剧服装店，为群众提供了具有各个朝代特征的戏剧服饰，丰富了节目的时代感。

1989年元宵，厦门电视台到抚市录制大型纪录片《抚市元宵活动盛况》。于1988年5月改制后的永定汉剧团派出化装师到抚市协助，同时根据角色要求出借服饰，从而开始改变了出魁队伍的化装与服饰，舞台形象更加饱满与靓丽。

随着经济条件的逐步改善，以及不少原永定汉剧团演员退休，聘请他们帮助化装的家庭逐年增加，自己购置戏剧服饰的也逐年增加。尤其是在2004年放开女性不能参加出魁坐轿的规定之后，女性参加节目者逐渐增多，发型头饰的要求更高，节目中的人物形象已经和传统戏剧及影视中的形象相当了。

1994年增加五虎将节目，促成放开成人上轿演节目的限制。之后，成人演出者逐年增多。戏剧服饰也逐步成为节目的主流。

2004年以后，所有限制全面放开，形成全民共乐的局面。化装与服饰基本舞台化，婚纱摄影与理发师已经完全能够提供古装化装的专业服务。

化装与服饰传统传承人：

赖日雄，1958年生，1977年高中毕业后，开始接触家礼。1990年兼职礼生，参与婚丧喜庆及祭祖的司仪工作。2005年师从正华，学习魁星化装及担任司仪。2008年开始独立担任出魁的化装师及司仪。

赖启芳，1957年生，1970年拜裁缝黄建堂为师，一年满师，独立从业。1972年开始学习戏剧服装与刺绣。1973年上街开店，制作戏剧服装与道具。1975年兼职礼生，参与婚丧喜庆及大型活动礼仪策划，为出魁活动的恢复与创新做了大量工作。1998年能够提供专业的抚市戏剧服装策划、制作、经营一条龙服务。在赖启芳那里，古代服饰、道具、龙灯等一应俱全。2008年之后，接替老一辈的出魁化装司仪工作。

5　活动费用多方筹集

社前村举办出魁活动所需的经费，主要以牵头负责的故事头为主进行筹措。

经费构成

出魁活动经费主要由三类构成：耐用品费用、消耗品费用和招待费。第一类是耐用品费用，有大龙、大鼓、大锣、五色锣鼓、轿子及佩饰物件等的费用。第二类是消耗品费用，有火药、香纸烛炮、化装物品及装饰物品的费用。第三类是招待费，其中又分两个部分，即集体招待和各自招待的开支。

费用分担

集体项目的费用有两类：一是由故事头负责仪仗队及筹备活动所需费用开支；二是大龙大鼓队所需费用，采取募集形式。个体项目由各家各户自行负担。

由故事头负责费用开支的主要项目有：铳队的消耗品费用、聘请喇叭乐队费用、组织筹备工作费用、仪仗队所需的消耗品和消费品费用及有关招待接待费。

龙鼓队所需费用，主要是维修添置费和人头活动费，通过募集办法解决。

个人项目费用，主要是轿子装饰费、服饰化装费、轿夫费和招待费。轿夫在传统上由本族青壮年承担，不必花费。20世纪末，开始聘请民工抬轿。21世纪，普遍聘请民工抬轿。这些费用由各家各户自行解决。

费用测算

在传统农耕时代，民风淳朴，举办活动以勤俭节约为主，所需活动费用大多以米计价，故事头一般不必承担大家的伙食费用，协助者在活动结束后自行返家用餐。活动开支在300斤米左右，折合银元就是十几元。各家各户均已备好伙食，用于招待亲戚朋友。

到了改革开放初期，社前村流传着"有一千元钱办出魁活动就很像样"的说法，说明当时牵头承办活动花费还不算多。从20世纪90年代起，牵头的故事头要负责办伙食，这成为一笔比较大的费用，所需开支在6000元左右。一般家庭开支在300元左右。

1997年之后，随着农村经济的发展，负责牵头的故事头开始花钱聘请轿夫、化装师等。村民有时参加当地政府组织的活动，会发误工补贴。因此，举办出魁活动出现逐步废除免费劳力的情况，有请人帮助的，都普遍会以香烟、毛巾、红包等回礼形式进行补贴。加上通货膨胀等因素，每年举办活动的费用在不断增加。

从 2009 年情况看，牵头的故事头承担各项开支的费用超过 14 万。其中主要增加了租马的费用 5.8 万元、购买烟花的费用 3 万元等。从个人承担的费用看，有些家庭来宾高达 15 桌，花费达五六千元，一般家庭都有 2~3 桌，费用需要上千元。

2016 年元宵的出魁活动，各项费用又有大幅增加，负责牵头的故事头对此不堪重负，大家对这项民俗活动能否稳定持续传承举办下去，都深感忧虑。因此，面对这种情况，村"两委"顺应民意，在广泛征求村民意见的基础上，决定对举办出魁活动进行改革，大幅减少一些不必要的费用。这样不仅减轻了故事头的负担，还恢复了过去勤俭节约办活动的传统，因此得到了全村的一致支持和拥护。

2016 年，故事头负责的费用开支在 4 万元左右，费用构成如下：轿夫费 1840 元、乐队费 1200 元、易耗品费用、回礼费用（香烟、毛巾、红包）、伙食费（55 桌）等。

有出节目的家庭，平均费用在 3000 元左右。主要有：轿夫费 920 元、化装费 100 元、花轿装饰费 300 元、服饰折旧费 200 元、伙食费 1500 元。采用马匹代替轿子者，每匹马租金 300 元，需增加 2000 元开支。

费用筹集

耐用品的购置费一般采取筹集方式，在全族范围募集资金购买者，为族产；在本房族范围内募集资金购买者，为房产；在本楼内募集资金购买者，为楼产；个人购买者，为私产。产权上的差别在于保管者的不同，不同产权的耐用品可以相互租借使用。2000 年，为参加世界客属第十六届恳亲大会，村集体添置了千秋架、船板灯及相关服饰。2006 年，村集体添置了蟠龙铁机。

集体补贴制。据《赖氏宗谱》（光绪版）记载，社前公烝田收入共有田产百余石。族内决定将开基祖墓前公烝田归扮演者耕种一年。1953年土改完成后，公烝田完成历史使命，被分配，后来全部土地成为集体财产，因此，魁星扮演者可以耕种开基祖墓前公烝田一年的待遇也成为历史。之后，魁星担负的全部费用完全自负，没有补贴。

特殊待遇。魁星扮演者在当年村内所举办的婚丧喜庆宴席上均可坐上大位，享有乡饮大宾的待遇。现在这项习俗已经逐步退出历史舞台，仅保留了在举办天后圣诞及春秋庙祭时才享受上宾待遇。

大龙、大鼓原本是村武馆保管的财物，武馆活动经费历来由个人赞助维系。现今武馆关闭停办，节庆活动由项目负责人筹集赞助。

服饰、道具和消耗品。仪仗队的初始服饰道具属族产，购置费来源于公烝田收入、宗亲捐赠。贵重饰物一般自备，消耗品费用由故事头负担，其余各户节目服饰道具的费用一律由各房、各楼自行负担。

大型集体项目的道具，如龙灯、船板灯、千秋架、铁机、十八罗汉鼓等，分别属购置者所有，其中有各房、各楼、各馆之分，所需购置费主要来源于集资和捐赠，每件道具上都书写所有权者名称。服饰由扮演者家庭自负。

伙食接待费一律由各户自行负担。元宵节当天是社前村最盛大的节庆日，亲戚朋友串门观光者云集，各家宾客人数不等，但几乎家家宾朋满座。伙食标准好坏不一，富的家庭好一些，穷的家庭差一些。

进入21世纪以来，举办出魁活动所需的费用越来越多，勤俭节约之风渐退，攀比奢靡之风日盛。故事头承担的费用在成倍增长，一些原本不办伙食的变成要办伙食，还要送香烟、面帕（毛巾）、红包；送拜帖不仅要讲好话，还要送礼物；原本自愿参加的现变成请人参加。各家各户的伙食接待费用也有较大增加，成为一笔不小的负担。因此，只有对活动进行必要的改革，才能确保活动一代一代传承下去。

三 出魁民俗璀璨独特

《易经·系辞》："形而上者谓之道，形而下者谓之器，化而裁之谓之变；推而行之谓之通，举而措之天下之民，谓之事业。"这句话有助于读者通过出魁活动的形式理解其中的文化内涵。俗语也说："外行看热闹，内行看门道。"社前村的出魁民俗活动由古代历史人物或故事传说等众多故事节目组成，并通过现代人的化装造型、故事轿及微场景艺术等手段来表现故事深刻的内容，是客家人崇尚真善美，传承弘扬中华传统文化的充分体现，蕴含着极为丰富的文化内涵。

1 活动内涵丰富深刻

出魁民俗活动保留了中华文明古老自然的文化形态，它与闽西众多丰富独特的客家民俗文化一道，以一种非物质的形式广泛存在于闽西农村，构成了闽西客家社会形态、传统精神赖以世代相传的重要载体。

魁星信俗别具一格

魁星信仰源于汉代"奎主文章"的星辰说，以"魁星"替代"奎星"始于宋朝，盛于明清。隋唐科举制度确立之后，崇文重教理念推动了魁星信仰，我国民间纷纷建造祀奉魁星的建筑物塑像，学子们经常来膜拜。相传古时读书人会在七夕夜祭祀魁星，摆设"魁星宴"，后来七夕聚会，品茗吟诗成为文人会社的习俗。

客家人重视教育，魁星信仰十分普遍。在永定不少地方，一些寺庙或建筑内都供奉魁星像供求学者膜拜。现存有培丰石寨魁星阁、高陂平寨铜鼓山洞内镌石祀像的魁星岩、坎市魁星塔（文峰塔）、下洋中川七层魁星塔（已毁，改建魁星阁）、下洋思贤三层永丰亭、大溪梅子潭魁星阁（太史第）、城关书楼巷魁星楼、仙师西洋三尊阁（文昌帝君、魁星帝君、关帝）、湖雷瑞堂山魁星岩和王寿山祥光寺前放生池"魁星点斗"石雕等。较为普遍的是在学子们集中聚会的场所，如会馆、书院等场所供奉魁星画像，每逢七夕魁星诞辰日祭祀魁星、吟诗作对、品茗设宴。学子们如参加科举考试，临考前均会到文昌阁焚香膜拜魁星，祈祷魁星保佑科考顺利过关。

社前村将"魁星"作为正神在元宵期间抬出巡游，正是社前村崇文重教、耕读传家等传统观念的充分体现，是魁星信俗的一种独特表现形式。

魁星

商读文化独树一帜

我国古代社会长期处于农耕文明、重农轻商的大环境下，这是出魁民俗活动最突出的亮点。在儒家文化中，社会主流提倡的是"学而优则仕"，鼓励读书做官、做官发财，社会地位的排列也是"士农工商"，从商者地位低下。社前的出魁民俗是以魁星正神为主体、文武财神为辅神的巡游活动。把一千多年里科举文化崇奉的"魁星"与体现永定独特商贸文化的"烟魁"相结合，这种形式未见于祀奉魁星的建筑物中，因此是社前人的独创。这既反映了社前人积极进取、敢于创新的精神，也得益于永定烤烟生意的繁荣发展为之提供了良好的经济基础。一方面，社前人深切认识到，"人不识字路难行"，"礼不清楚事难平"，"生意好做账要清"，都期待儿孙识字、懂礼，通过科举考试，读书做官，光宗耀祖。另一方面，面对现实，他们深切认识到"家无分文难度日"的难处，"小小生意强过工"，不少家庭通过做些小本生意赚些钱，维持家庭生计。盼望通过经商发大财从而"日进斗金"，成为民间较为普遍的一种现象，因此十分崇拜文武财神，祈求超自然神灵的帮助。正因如此，社前村的出魁民俗活动，正是利用乾隆皇帝御赐永定条丝烟为"烟魁"封号的时机，把商业文化崇拜的文武财神，融入科举文化所崇拜的魁星之中，使耕读传家的传统观念与商品经济观念得到有机统一。

几百年来，在社前赖姓族人的传统观念中，最为推崇的是后代培养，做到人尽其才，为人才培养提供沃土。这里儿童必读书，秀才多经商，多数经商赚到钱的人都会主动捐纳，尽力支持贫困学子求学，热心村里的公益事业，由此形成了浓郁的商读氛围，促进了人才的教育和培养。历年来，这个村通过科举考试走上仕途、从事商贸、家财万贯的人比比皆是。科举与商业两种观念融合在出魁民俗活动中，是社前村几百年来坚持商读文化的具体体现。

经典故事登台亮相

在出魁故事节目中，魁星点斗、状元、四进士、五子登科、三及第等传统节目是典型的科举文化代表。魁星扮演者化装时都要在其皮肤上书写"正心修身、克己复礼"，因其是儒家教育人们正人正己、修身养性的经典名句；郭子仪上寿、将相和、孝友无双、六国拜相等传统节目则是儒家文化的经典故事。

文武财神、财神、和合仙、福禄寿、八仙过海、王母娘娘上寿、麻姑进酒、神仙会以及取材于《封神演义》《西游记》等古典名著中的神仙传说故事，也是道教文化的经典故事。

观音送子、观世音、善财童子、小龙女、四大天王等故事，是佛教文化的经典故事。

在出魁故事节目中，还有许多取材于经典名著、戏剧、电影、电视节目以及现实题材的故事。带子转门来自抚市当地一带的传说故事，体现了村域文化的传统；工农兵学商与和平女神的故事曾经在抗日战争期间及抗战胜利后举办庆典活动时出现过，是赖姓族人在中华民族取得全民族抗战胜利后举国同庆喜悦心情的展示。这些不同文化经典节目故事，经过群众性的创造，融合在出魁活动节目之中，不仅展现了中华传统文化在民间的巨大影响，而且也让人们从中享受到了丰富的闽西客家民俗文化的视觉盛宴。

传统文化精彩展示

出魁活动的内涵非常丰富，它集客家传统非物质文化遗产之大成，通过这种独特方式，向人们集中展示老祖宗留下的宝贵文化遗产。

妈祖信俗展示。妈祖信俗于2009年被列入国家级非物质文化遗产，同年9月被列入世界非物质文化遗产名录。社前天后宫是每年元宵出魁活动重要的起始点，也成为妈祖信俗的主要展示场所。

闽西元宵节庆展示。被列入福建省第一批非物质文化遗产名录及国家第二批非物质文化遗产名录的闽西元宵节庆民俗活动，风情万种、精彩纷呈，作为其中一项重要内容，社前村的出魁活动向世人展示了闽西元宵节庆的独特形式。

客家十番音乐展示。2006年5月20日，经国务院批准被列入第一批国家级非物质文化遗产名录的闽西十番音乐，是出魁队伍中主要的乐队，成为出魁队伍中的雅乐。

五色锣鼓展示。五色锣鼓是闽西客家人喜爱的民间音乐，鼎盛时期不仅出现在出魁活动中，每个故事节目均配有五色锣鼓队，成为出魁活动中一道独特的风景。

客家武术展示。在出魁活动中，过去通常有十八罗汉鼓等武馆传统演示基本功的节目，已失传。现主要以两棚大鼓替代。

家庙俗信是客家人的敬祖传统，相当普遍。出魁活动在赖氏宗祠闹祠后结束。

2 节目传承历史悠久

从 1758 年社前村赖姓村民首次举办出魁活动以来,虽然历经了 200 多年时间,也经受了各种世事沧桑和社会变迁,但在一代又一代社前村人的艰苦执着努力下,这项独特的客家民俗世世代代得以传承。同时,随着社会的发展和时代的进步,出魁活动节目的内容和形式既有保留又有创新,至今仍然焕发出耀眼的光芒。(如下表)

社前出魁部分传统节目表

节目名称	始出时间	策划人
侍神	1758 年	竹林文会
铳队	1758 年	竹林文会
鸣锣开道	1758 年	竹林文会
牌匾	1758 年	竹林文会
魁星点斗	1758 年	竹林文会
文武财神	1758 年	竹林文会
喇叭乐队	1758 年	竹林文会
双龙出海		
十八罗汉鼓	1758 年	
五色锣鼓	1758 年	赖存觉

续表

节目名称	始出时间	策划人
船板灯（八仙过海）	1758年	赖春、竹峰
带子转门	1758年	赖乃廷
铁机（观音送子）	1758年	存素、桂月
千秋架	1758年	存启、存仁、存增
寿星	1758年	乃章、鸿文
三及第	1758年	
四进士	1758年	
五子登科	1758年	
将相和	1758年	
郭子仪上寿	1758年	
和合仙	1758年	
麻姑进酒	1758年	
王母娘娘上寿	1758年	
游山打猎	1930年	赖水春
渔樵耕读	1931年	
士农工商	1932年	
工农兵学商	1937年	赖元凤、灶兴
仙女下凡		
和平女神	1946年	赖国成、灶兴
桃园结义（三结义）	1983年	桃源自然村
六国拜相	1992年	苏焕新
大八仙	1993年	德林
五虎将	1994年	宗荣、宏华、启庆、启忠、永斌
财神（财神爷）		
四大才子	1995年	
龙太子		

续表

节目名称	始出时间	策划人
齐天大圣		
善财童子		
哪吒（莲花童子）		
状元（新科状元）		
凤凰展翅（吉祥鸟）	1997年	德林
七仙女	2004年	
百花仙子	2004年	
佘太君（百岁挂帅）	2004年	
四大美人	2005年	
托塔李天王	2006年	中平
二郎神	2006年	尧珍
土地神	2006年	绍东
龙凤呈祥	2006年	海元
观音坐莲	2006年	宣扬
哪吒闹海	2006年	奎华
五千金	2006年	碧云
包青天	2007年	海元
三鼎甲	2007年	
文武状元	2007年	建龙
香帅传奇	2007年	华显
展昭	2007年	碧文
穆桂英挂帅	2007年	宏超
花木兰	2007年	宇辉
女状元	2007年	建成
格格（格格出巡）	2007年	
腰鼓队	2008年	

续表

节目名称	始出时间	策划人
六福	2008年	启庆
翰林书院	2008年	泮隆、福添
太白吟诗	2008年	福添、宗荣
五女拜寿	2008年	利钦
薛仁贵与薛丁山	2008年	宇辉
仙女散花	2008年	焕祥、日希
五鼠闹东京	2008年	日希
葫芦娃	2008年	春光
小龙女（龙女）	2008年	碧锋
人珍五福	2008年	建煌
贺岁牌	2008年	
女驸马	2010年	绍荣
武则天（武媚娘）	2010年	永春
诸葛亮	2010年	海显
竹林贤士	2010年	福添、宗荣
兔年吉祥	2011年	德兴
梁红玉	2011年	建和
四大天王	2011年	青旺
神武将军	2011年	春光
玉兔嫦娥（嫦娥）	2011年	福添、宗荣
鲤跃龙门	2011年	德龙
双娇献岁	2011年	胜扬
棋琴书画	2011年	福添、宗荣
凤娃	2011年	青旺
上官婉儿	2011年	日亮
和谐居	2012年	

续表

节目名称	始出时间	策划人
文成公主	2012年	钱侃
高阳公主	2012年	钱侃
状元阁	2012年	钱侃
书香门第	2012年	日洪
小天王	2012年	志华
蔡文姬	2013年	
李清照	2013年	
卓文君	2013年	
赵飞燕	2013年	
西厢记	2013年	福添、宗荣
四大将军	2013年	福添、宗荣
卫青	2013年	
太上老君	2014年	福添、宗荣
秦代双雄	2014年	华清
哼哈二将	2014年	洪显
白雪公主	2014年	竹林
三圣母	2014年	德龙
皇太极（皇帝）	2014年	德龙
皇太子	2014年	法扬
神仙会	2015年	建旺
常胜将军	2015年	茂堂
月亮仙子	2015年	碧文
皇帝出巡	2015年	源富
公主	2015年	永久
三状元	2016年	超荣
花千骨	2016年	继兴

续表

节目名称	始出时间	策划人
陆贞	2016年	继兴
大小芈月	2016年	日亮
平阳公主	2016年	宏宜
九天玄女	2016年	让显
梁哥		苏姓、黄姓
天下孝友无双		黄姓
落地魁星		姜姓

3　魁星扮相古朴威严

出魁故事的节目题材，多数来源于我国千古传颂的英雄人物的故事或传说。这些传统经典故事所蕴含的文化内涵，经过社前人的不断改造，深刻地融入到了出魁活动的节目之中，寓教于乐，古朴生香，让人们欣赏到了传统民俗文化的视觉盛宴。

魁星点斗

魁星点斗是出魁活动中最重要、最核心的内容。其取材用典源自魁星信仰，即"魁星点斗，独占鳌头"。

传说魁星名叫大魁夫子，生辰是七月初七晚，其面目奇丑，头生两角，赤发环眼，满面麻子，一只脚跛，自小聪慧，过目成诵，出口成章，参加科举时连中三元（乡试解元、会试会元、殿试状元），皇帝钦点赐封其之时，见其丑陋，御笔书下"鬼"字，适逢皇后出殿欲见状元，见状吓晕，皇帝扭头回眸，弯钩拖长，大魁接赐，添一"斗"字成"魁"。皇后晕倒，将大魁逐出大殿。大魁无望，投水自尽，被鳌鱼相救后升天，赐封魁星，主文章兴衰事。

成语"独占鳌头",源自元朝无名氏《陈州粜米》楔子:"殿前曾献升平策,独占鳌头第一名。"鳌头:宫殿门前台阶上的鳌鱼浮雕,科举进士发榜时状元站此迎榜。原指考中状元。后泛指在竞赛中获得第一名。

魁星是科举制度的悲剧产物,在民间广为流传。有人根据"钟馗"和"魁星"的传说,从组成"魁"字的"鬼"和"斗"中得到灵感,创造出一个赤发蓝面的鬼面人物,他右足独立,左腿后翘如钩,一手捧斗,另一手执笔,好像在用斗和笔点定中试者的名字。这种形象普遍供奉在魁星建筑物内,也保存在各种艺术作品中。

在唐代,魁星的形象是钟馗。明清之际的思想家顾炎武在《日知录·魁》中,对"魁星点斗"作了综合性的详尽描述:魁星神像头部像鬼,一脚向后翘起,如"魁"字的大弯钩;一手捧斗,如"魁"字中间的"斗"字;一手执笔,寓意用笔点定中试者的姓名。王寿山石雕魁星形象为:魁星头部丑陋狰狞,左手平捧墨斗,右手高执朱笔,笔尖指向北斗方向;一条飘带环绕双手,下缠鳌鱼上飘头;左脚向后翘,形如"魁"字大弯钩,右脚踩鳌头,金鸡独立;鳌鱼两头翘,鳌座水中漂,活脱脱一头鳌鱼奋力跃出海面,携带魁星跳入龙门,而魁星则轻灵飘逸。

在西安碑林中,清代马德昭的一幅书画,是表现"魁星点斗、独点鳌头"的传世精品。他以"正心修身,克己复礼"八字为隐身,创造性地用象形文字组成魁星形象——左手托砚,右手执笔,笔尖指向"斗"字,一脚翘起托起"斗"字,一脚立在"鳌"字上。其图案形象逼真,活灵活现,书法笔力苍劲,飘灵逸动,精气神四溢。

出魁形象选择坐姿魁星,有利于巡游方便,形象通过化装实现。因为由真人装扮,为避免冒犯神灵的后果,装扮前扮演者通过告神的形式进行祷告。装扮上轿后,整个活动均以魁星为核心开展,队伍所经过之处，家家户户鸣炮迎接纳福，魁星所到之处，会空书祝福语言，适应了人们迎春纳福、文星高照的心理需求。所以，出魁也被人们称为"魁星出巡"。民谣曰：魁星出巡，造福地方。文星高照，屋屋书香。读书儿郎，会登金榜。烟魁生意，出海通江。高楼大厦，兴隆一方。

魁星服饰

魁星服装过去由当地裁缝和绣娘加工制作完成，今由抚市戏剧服装店提供。全套服装由肩坎、蟒甲、裙摆三件组成。全部黑底红裙金线绣，肩坎绣双蟒，蟒甲绣蟒头，裙摆绣蟒身，红裙绣牡丹绿叶，全套组合成蟒袍加身图。

面具早先由聚奎文馆及竹林文会设计制作，传承至今由抚市戏剧服装店制作。

饰物有一对金镯链，八个方印金戒指，一支斗笔，一只金碗。金碗是墨斗的替代品。传说中的魁星点斗是右握斗笔，左捧墨斗。使用金饰件，是商业文化及富裕的象征，寓意烟魁与文魁的结合。

魁星轿

轿子为木制，由轿台、座椅、抬杠三部分组成。

轿台长 82 厘米，宽 81 厘米，台面高 35 厘米，挡板高 83 厘米。轿台的主要作用是固定放置座椅，防止滑动，便于起轿停放。传统轿台是八仙桌。

座椅是活动可卸的，传统用太师椅，现在用藤椅。注意保障扮演者的舒适安全。

抬杠两根，长 3.5~3.6 米，直径 10 厘米左右，用棕索捆绑固定在轿台两边，然后用红布缠裹。注意提供承重安全，便于抬杠者的起肩、转肩、换人、停轿的需要。传统为八抬大轿，今为 4 人抬，轿夫身穿黄色轿夫服饰，扶轿 4 人。

轿子的装饰，过去是套上轿套遮挡木制部分，垫上软坐垫，摆上一对木雕鳌鱼。道光丙戌年（1826 年），在田楼建成之后，该楼庭前一对麒麟木雕成为魁星垫脚替代鳌鱼，鳌鱼、麒麟木雕遗失后，以狮子替代。今以红花毛毯和石狮子替代轿面装饰。

参神

告神分两个阶段，子时和辰巳时告神。子时告神在神庙内进行。乾隆二十三年（1758 年）第一次出魁，在观音厅内举行。观音厅重建于明末，祀奉观音菩萨。扮演者与司仪、化装师一起，挑着五牲五果祭品，在神像前祷告。

祷告仪式：摆上五牲（猪肉、鸡、鱼、长寿面、状元糕）、五果（时令糖果），敬茶，倒酒，燃烛，上香，宣读祷告帖（祭文），祷告结束之后焚烧其于香案上，烧纸，鸣炮结束。

神文格式：详细地址、祷告者姓名、祷告缘由、献奉祷告对象（神号全称）、祷告内容（诗赋体）、闻祷告者姓名拜敬、时间拜敬。

乾隆五十年（1785 年）始建天后宫，五十三年（1788 年）竣工，五十四年（1789 年）四月初一朝谒湄洲祖庙的妈祖娘娘升殿行宫后，五十五年（1790 年）元宵日子时，魁星扮演者告神地点增加天后宫。仪式如前，神文增加一份。

辰时告神在家门前进行，装扮前祭天地，祷告仪式及神文格式如前。即将上身服装、饰物摆上供桌,谓之"过神"。

祀告天地后,进入化装阶段。

魁星化装

扮演者裸露双臂,赤脚,端座椅上,由化装师进行装扮。依次为着装、打腿绑、饰头、戴面具、上色、佩戴饰物、装毕上轿。

着装:着装在扮演者家中中堂进行,扮演者面朝天井端坐。化装师面朝天井,先将上身蟒甲举过头顶,朝天呼"衣锦才华",然后穿在扮演者身上,系好布纽扣;次将双蟒坎肩朝天举过头顶,披在扮演者肩上,系好结;最后将蟒身裙摆朝天举过头顶,给扮演者穿上。三件套穿着完毕,整理细节,端座椅上。

打腿绑:腿绑为红布绑带,共二条,长二丈、宽三寸,先绑右腿,后绑左腿。从脚腕开始,每圈前向折叠成人字折痕,重叠往上,将小腿包裹,最后系紧绑带,防止松开脱落。绑腿寓意可以长途跋涉为天下选拔人才,红色寓意吉祥,先绑右腿源于立姿形象。

饰头:化装师将假发、面具举过头顶后,给扮演者戴上,系好。

上色:颜料传统使用靛青,现在采用广告色替代。用笔蘸上调好的广告颜料在赤裸的左臂由三角肌往下至腕部书写"正心修身",然后在右臂对等位置书写"克己复礼",书写完毕上色,两臂从指尖到三角肌全部涂刷。这八个字源自马德昭书画作品《魁星点斗》,马德昭以儒家经典名句"正心修身,克己复礼"八个字塑造魁星形象。传承人经过一整套程序,将儒家经典名句书写于身体上,寓意锦袍加身,神灵附体,自我修养,克己复礼。手臂上色结束后,给双脚上色,从脚趾尖到绑带接口处全部涂刷。

佩戴饰物：上色完成后，化装师高举金饰盒朝天呼"金玉满堂"，然后取出金镯链和戒指，佩戴在扮演者手上。佩戴完毕，将斗笔递交于扮演者的右手，其紧握笔杆，手臂高举，笔尖朝前略上翘；再将金碗递交于扮演者的左手，其手臂前伸将碗托平，坐好后再校对握笔端碗姿势，准备上轿。魁星佩戴一对金镯链与八个大戒指，手捧金碗，表示富贵，寓意烟魁生意兴隆。纯金方印形戒指，寓意手上有金印，手捧金碗寓意烟魁御赐，还需个人奋发努力。历史上戒指属私人财产，每人喜好不一，大小不一，还有的镶嵌珠宝混杂其中，显露富贵差别。

上轿：化装结束，化装师指挥护轿者将魁星扶起，撤掉座椅高呼："上轿。"抬轿者立即将轿子抬到魁星身后，扶轿者将魁星扶上轿，指导魁星扮演者端正坐姿，握笔和端碗姿势如前，脚姿是右脚平踩狮身，左脚斜靠狮头，脚趾尖朝上成弯钩状，如同斗形。坐姿端正后，司仪高呼："起轿。"铳炮齐鸣，鼓乐齐奏，轿子抬起，魁星书空。书毕，出门上路。

魁星书空

书空，指盛装魁星朝空中书写祝福语言的行为。

魁星在扮演者家中轿起之后，先在自家厅堂面朝大门向空中书下："四季发财，合家平安，斗。"书毕，司仪呼："出门上路。"已经整队待发的仪仗队等待魁星入列，前往集结地点。

魁星轿进入天后宫后，停放在中厅正中，面朝宫门，左停文财神，右停武财神。在司仪的引导下，三神由扶轿者帮扶下轿，魁星赤脚，扶轿者必须迅速递上拖鞋为其穿好，着地后依次从左廊步到妈祖神像前。魁星居中，左边文财神，右边武财神，对妈祖行三鞠躬礼，然后转身向天行三鞠躬礼，朝天书空。礼毕，在司仪的引导下，依次从右廊行至轿旁，由扶轿者扶上轿，登上石狮子后，撒鞋。司仪呼："起轿出巡。"铳炮齐鸣，鼓乐齐奏，仪仗队列队出发。轿子抬起，魁星再次在天后宫中厅书空："福如东海，寿比南山，合族平安，斗。"书毕，魁星先行，文财神随后，武财神继之。队伍出发后，队伍压轴的龙在天宫中厅前坪舞动，寓意游龙出海，龙出宫门，随大队压轴。

魁星下一个书空地为万寿寺。大队伍在老街榕树下等候，仪仗队在侍神带领下，沿老石砌路前往万寿寺。魁星到达万寿寺寺门前，魁星轿子正对万寿寺大门，不下轿，朝空书写："福禄寿全，斗。"文武财神依次正对大门行三鞠躬礼，礼毕前行，所过之处，店家住户鞭炮轰鸣，迎春纳福，行至路口，大队依次连接，前往下一站。

队伍穿街绕道拜年，所过之处店家户主均以接神之礼相待，焚香

魁星书空

摆供鸣炮迎接。至新街尾后,仪仗队随同魁星、文武财神直至巫氏家庙,大队伍前往家庙等候。魁星队伍到了巫氏家庙前,魁星与文武财神下轿,步行至庙前,面朝巫氏家庙大门行礼,书空:"合族平安,斗。"巫氏家庙是社前开基祖婆太之源,故扮演者视同家庙尊礼。受到巫氏家族热烈欢迎,鼓乐相迎,鞭炮迎送。队伍前往下一站。

至回龙宫,俗称"龙佛庵",仪仗队列队,铳队鸣放,鞭炮迎接,魁星及文武财神下轿,步行入宫,在佛前施三鞠躬礼,转身再朝天施三鞠躬礼,礼毕魁星书空:"风调雨顺,国泰民安,斗。"

回龙宫书空后,魁星队伍即返回赖氏家庙,全村队伍已在家庙前坪列队迎接。仪仗队至家庙门前分列两排,铳队鸣炮,恭迎魁星与文武财神下轿步行入庙。魁星与文武财神登上庙堂,施行三鞠躬礼,礼毕转身朝天施行三鞠躬礼,魁星书空:"财丁两旺,富贵双全,合族平安,

出魁队伍

斗。"书空后,三神出庙,登上轿子,仪仗队引路返回扮演者之家,其余故事抬轿依次返家。

魁星轿返至赖氏家庙厅堂,依然面朝天,扮演者下轿,化装师卸妆后,撤香案,出魁活动至此全部结束。

在魁星书空中,结尾"斗"字的含义,来源于马德昭书画《魁星点斗》。其画中魁星左脚踢斗,反映了民间"魁星踢斗"的传说;右手握笔,笔尖遥指"斗"字,反映了民间有关文昌星是北斗星座七星之一的观念,继而表达了人们期望"文昌落我家,金榜占鳌头"的美好愿景。因此,魁星出巡每次书空结尾,均以书写"斗"字代表"点斗"之意。

民谣曰:魁星一出,雨天放晴。三年不出,祸害不停。扮演魁星,两旺财丁。文星高照,榜上有名。烟魁送福,生意隆兴。年年纳福,

赖氏家庙内魁星"点斗"

天下太平。

仪仗队

仪仗队主要为魁星出巡服务，体现出魁活动的庄严与气派，通常由铳队、侍神、鸣锣开道、牌匾队、彩旗队、游山打猎卫队、喇叭乐队等组成。长期以来，仪仗队阵容的基本要素组成没有变化，但人数组成不完全雷同，服饰道具有时有变化。

铳队是专门鸣铳的队伍。铳炮是民间的礼炮，铳声轰鸣，四方八邻均能听见，出巡队伍到了何处，闻声也能猜出八九不离十，炮声次数合九、合五，以应魁星帝君的"九五之尊"身份。铳炮鸣放地点就是魁星停靠地，所以鸣铳之人必须提前到达预定地点做好准备工作，将火药装填好，等待魁星出巡队伍的到达。同时，铳队人员的配备一般是2~3组，每组3~4人。过去使用落地铳，单管，俗称"单只子"，因落地铳容易倒伏，倒伏后鸣放容易伤人，不安全，所以后来改用手持铳，有三管，装一次火药可以连放三声，俗称"三管铳""三把连"。经济实力雄厚的魁星扮演者，铳队配备人数多达三四十人，沿途鸣放，相当于铳队开路。1998年，抚市镇达到小康社会指标，宣布实行故事队伍踩街一律不准鸣铳的规定，并画出红线图，延续至今。2005年之后，踩街红线内以礼炮替代。

侍神一人，即侍候魁星正神者，属于带路人，从十二日开始与魁星扮演者到各房各楼送帖，参拜各楼祖堂，上香。也是出巡队伍的带路者，其行走路线即为巡游路线，由老人扮演。巡游路线是经过出魁筹备小组共同商议确定的，每年多少有变化，但是基本原则没变，即要经过本村大多数居住点，魁星要到天后宫（初期到观音厅）、万寿

侍神带路

寺、聚奎文馆（文馆拆建政府大院后取消）、巫氏家庙、回龙宫、赖氏家庙停靠书空。侍神一手提着香篮，内装香纸蜡烛，一手提着赖氏灯笼，巡游最后一站进入家庙后，将灯笼挂在家庙内，寓意永照赖氏族人。

鸣锣开道与肃静回避牌阵，起到清道告示的作用。鸣锣2人，由老人扮演，两面大锣左右分行，每人身穿长衫绿衣，头戴礼帽，手持锣槌，槌头包红，肩挑大锣置前，后垂清道黄龙旗加配重。持牌匾6人，装饰一律全身红边布纽黄衣，头扎红巾金徽黄帽。每人持牌匾一块，每块牌匾文字均竖排，第一排大块牌阵左肃静，右回避；第二排大块牌阵左为魁星正神，右为状元及第；第三排小块牌阵左为文武财神，右为诸神免参。牌匾红底金边金字，匾头系绸布红花，红绸沿牌边下垂至一半，大块牌匾为50×125厘米，小块牌匾为30×100厘米，厚均3厘米。

彩旗队12人，由少年持旗，分列两队，旗队跟随牌阵。彩旗为红边黄底绣龙三角旗，旗杆为镀锌钢管，属清朝皇帝出游用彩旗。

游山打猎卫队始于1930年土匪强盗横行的动乱时期，由青壮年扮演，全部佩戴面具，扮演各类人物，手持鸟铳、步枪等真枪实弹，保卫魁星队伍，防止和制止打劫事件的发生，并将落地故事节目并入游山打猎队伍中，队伍排在魁星轿前。魁星也佩带双枪，在大坪岗地段将持笔换成持枪。佩戴面具源自古风"大傩"。这种习俗在"移风易俗"中被革除，至今没有恢复。现今，游山打猎队伍由儿童扮演，儿童不统一服装，全部头戴礼帽，外加一条毛巾（既可装饰，也可擦汗），手持儿童玩具枪（自备），人数不限，多达60人，排在魁星轿之前。2007年开始，曾以马队形式出现。

喇叭乐队由五种乐器组成，5~9人弹奏。主要乐器为喇叭、二胡、胖胡、板胡、小钹伴奏。喇叭手是领班、指挥，也是队长，喇叭起调，各伴奏手立即跟随。换奏曲牌时，喇叭停吹，其他伴奏手演奏过门。魁星书空时演奏《八角楼》，相传该曲为春秋时晋平公的乐师师旷所作，是供宗庙祭祀或诸侯宴饮时演奏的曲子，全曲演奏完毕需15分钟。喜庆曲目繁多，以应不同场合，全程可以不重复。乐队必须提前一天到达魁星扮演者家中，在五色锣鼓起鼓时就开始奏乐，第二天从装扮开始到出巡全程以不停的音乐跟随魁星。

民谣曰：出魁炫富，金砖垫脚。排场炫贵，锦衣闪耀。热闹炫丁，人旺势啸。

4　英雄豪杰粉墨登场

多年来，社前出魁活动一直保持着较大规模，鼎盛时故事轿最多达108乘。其内涵也十分丰富，节目多数取材于历代传说故事、戏曲或现实生活中的人物。如桃园三结义、五虎将、六国拜相等，不少人物是中华民族充满传奇色彩的千古英雄，并多为古装扮相，其中寄寓了客家人深厚的修身、齐家、治国、平天下的"家国情怀"。

文武财神

其取材于《封神演义》。商朝殷纣王叔父比干，忠耿正直，因劝谏纣王惨遭剖腹挖心。民间传说比干后来被姜子牙用灵丹妙药救活。因没有了心，不偏不向，办事公道，童叟无欺，被封为文财神。武财神赵公明，又称赵玄坛，民间传说又名赵公元帅或黑虎玄坛，陕西终南山人，与钟馗同乡。《封神演义》中，在峨眉山罗浮洞修炼的赵公明，武艺高强，法力无边，应闻太师之邀助纣抗周，终被姜太公所杀。灭商后，姜太公封赵公明为"金龙如意正一龙虎玄坛真君"，主管迎祥纳福，统帅招宝天尊、纳珍天尊、招财使者和利市仙官，统管人间一切金银财宝。

于乾隆五十年（1785年）建的抚市天后宫内，左庑后厅专门祀奉有文武财神的神像。文财神为文官打扮，头戴宰相纱帽，手捧如意，身着蟒袍，足踏元宝，神态慈祥，笑容满面。武财神为武将打扮，手持打神鞭，专打不法取财贪婪之人、神、鬼，一身正义凛然之气。

节目中文财神的装饰，不同年代有变化，但文官打扮，头戴宰相纱帽，红面黑须的基本元素没有变。宰相帽的年代感不同，手捧如意与手持折扇交互使用，身着蟒袍与龙袍均有出现，足踏元宝与不踩元宝也有出现，全凭扮演者的喜好。武财神的装饰基本没有变化，武将打扮，手持打神鞭，黑脸红须，有所变化的是武将服饰。

节目扮演者是故事头的助手，为成年人，必须协助魁星扮演者进行组织策划等一系列前期工作。节目化装较为简单，由扮演者自家完成。轿子规格与魁星轿相同，均为单人轿。文武财神轿必须提前前往魁星扮演者家门前集合，跟随魁星轿后完成全部出巡路径。魁星轿返家，文武财神轿随后返家。

该节目作为出魁队伍的前阵，排列在魁星点斗之后，充分体现了"出魁"是文魁与烟魁相结合的产物，反映了人们文星高照、招财纳福的愿景，表达了人们的财富观，"君子爱财，取之有道"，不做人神共愤之事，人在做，天在看，有警示作用。

财神爷（财神）

民间信仰财神爷掌管天下财库，有家庭供奉财神的神位。道教中的财神为天官文财尊神，民间称"天官大帝"，有天官赐福一说，坎市三官堂供奉天官、地官、水官，联曰："天官地官水官只在心官不昧，求福赐福护福还须积福为先。"

财神爷作为独立的节目，其装扮有文武兼备的效果。头戴武将帽，身穿文官袍，赤面黑须，一手托元宝塔，一手持尚方剑，前摆元宝堆，金光耀眼。也曾出现过头戴文官帽的财神装扮造型。轿前有节目牌引路，牌上书写"财神爷"。

该节目造型融合了文武财神的传统形象要素，并有所创新，体现了人们求财赐福的愿景。

观音送子

观音菩萨是最普遍的民间信仰，祀奉观音菩萨的建筑也最多。观音神像有坐姿、立姿两种，净瓶、柳枝、莲座、白衣是基本要素，座前有金童玉女。佛经中二人成佛历程截然不同，金童历尽千辛万苦、百般磨难，而玉女则立地成佛，宣传"难易皆能成，只要心里诚"的成功道理。民间则把金童玉女形容为招财进宝的使者。所以，出魁节目中有单独形象出现。

观音送子是观音信仰的一个重要部分，也是信徒拜求赐福的主要内容之一。送子观音的崇拜者塑造出的基本形象是观音大士脚踩莲座，手抱男孩，握住荷花。也有版画与雕塑艺术品塑造出观音身边有二孩、三孩、五孩的送子观音形象，以满足人民一子一女为好，多子多福更好的愿景。在出魁故事节目中，观音送子的造型有立姿，也有坐姿，一般为二孩，过去均为男孩，现在由一男一女组成，在"只生一个好"的年代里只有一孩。观音装饰基调是白衣素服，净瓶柳枝，坐或踩在莲座上，配饰物有拂尘、荷花等，不同年份或同年同名装扮也有差别。因大观楼旁早期就建有观音厅，楼内也设有观音堂，香火很旺。后来

观音送子

其他房派、其他楼也出，经久不衰。

2000年11月29日，该节目参加世界客属第十六届恳亲大会期间，曾更名为"慈航普度"，以"蟠龙铁机"出席客属会，给全世界的客家人留下了美好的深刻印象。

慈航道人是元始天尊座下十二金仙之一，慈航先习道而后入佛，是道佛融合的形象。后来，慈航成为观音菩萨的代称，普度众生成为观音菩萨的专属职能。

福禄寿

福禄寿取材于神话故事，是民间传说中的三位仙人，对应天上三

寿星

颗吉星。福神即木星,有天官赐福之说;禄神是文曲星,为北斗第四星;寿星为南极星,称为南极仙翁。

该节目有三人合乘一轿(扮演者为儿童)和三座单人轿(扮演者为成人)列阵或单出两种形式。在三人合轿中福星扮演者执如意居中在后,寓意福星高照;禄星身穿大红官服,头戴高冠;寿星广额白须,捧桃执杖。在单人轿时,福、禄、寿三轿依次排列,均为立姿,儿童与成人扮相类似。成人上轿是现代的事。

该节目是纶嵩公房的传统节目,有竹编假山和纸糊作色的仙山,以及松竹桃作为背景,上书"三星高照",节目表达了"三星高照"的期望,三星象征幸福、吉利、长寿,成为人们愿景的化身。

和合仙

和合仙，民间传说的版本很多，因其有"爱神""喜神""团圆之神"的美誉，颇受人们喜爱。尤其是清雍正时正式封唐代的寒山为"和圣"、拾得为"合圣"，和合二仙从此名扬天下。他们手持的物品，均有寓意。"和圣"手持荷花是并蒂莲的意思，"合圣"手持盒子是象征"好合"的意思，而五只蝙蝠，则寓意着五福临门，大吉大利。

该节目是传统节目，双人立姿轿，有竹编假山和纸糊作色的仙山，上书"和合仙"，扮演者着装只要表现仙人的飘逸感就行。节目表达了人们追求和谐、幸福、美好生活的美好愿景。

麻姑进酒

晋·葛洪《神仙传》卷七："麻姑，建昌人，修道于牟州东南余姑山。三月三日西王母寿辰，麻姑在绛珠河畔以灵芝酿酒，为王母祝寿。"民间传说麻姑为王母娘娘所救，安排在麻姑山修炼，山中有十三泓清泉，麻姑就用此泉之水酿造灵芝酒。十三年酒乃成，麻姑也修道成仙，正逢王母寿辰，麻姑就带着灵芝酒前往瑶台为王母祝寿。王母大喜，封麻姑为虚寂冲应真人。该神话故事被京剧取材编成《麻姑进酒》得以广泛流传。

该节目为单人轿，扮演者为道姑装饰，手持拂尘，前摆一坛灵芝酒，后书"麻姑进酒"节目名，今改为节目牌在轿前引路。该节目是那座楼的传统节目，表达了人们追求长寿幸福的美好愿景。

八仙过海

八仙过海,取材于神话故事,道教八仙:铁拐李、汉钟离、张果老、吕洞宾、何仙姑、蓝采和、韩湘子、曹国舅,为了给王母娘娘拜寿,到四海寻求寿礼,各显神通,留下"八仙过海各显神通"的美丽传说。

该节目的扮演者均按照民间传说的扮相来装扮,铁拐李持拐杖挂葫芦,汉钟离持蒲扇,张果老持渔鼓简板,吕洞宾配剑,何仙姑持荷花,韩湘子吹箫,蓝采和挽花篮,曹国舅书生装扮持白云板,寓意身在底层,只要努力奋斗,就能修得正果。

该节目有"小八仙"和"大八仙"。"小八仙"由儿童扮演,加上"千里眼"与"顺风耳",最早出现在船板灯上。后来,"大八仙"出现在单人轿中,由成年男人扮演。在其他村落的夜故事中,扮演者均落地行走。

船板灯

该节目是最一公房和皆和公房的传统大型节目。由单节板式轿子连接而成,可以任意组合,每节轿子上乘坐一位儿童,节与节之间用木栓与抬杠连接,可以自如转动,每杠由二人抬,一字长阵犹如乘风破浪的一叶飞舟,也似一条戏水的游龙。由于该节目的扮演者在夜晚闹花灯之时要参加穿花篮的节目,也可以加挂灯笼,装饰成彩船,在夜晚出游,人们依形称之为"船板灯",寓意乘风破浪,直达彼岸。初期,表达"八仙过海"的内容,与"千里眼"和"顺风耳"组成十人阵容。后来,人们在船阵前增加龙头,阵尾增加龙尾,使用红绸连成一体,则变成一条龙舟,船头坐艄公,配带望远镜,船尾坐船母,

船板灯

手握船桨,扮演者均装扮成已经获取功名的文士官员,服饰华丽,坐在花团锦簇之中,人们戏称为"人龙",表现了人们"望子成龙""望女成凤"的美好愿望。当扮演者头戴礼帽,手持文明棍,身穿绅士服的时候,又成"下南洋"的节目,表现了客家人漂洋过海的迁徙历史。

千秋架

该轿是硬木制成的十字架形式的可旋转的秋千架,且有护拦等安全保障装置,可以同时容纳四个儿童高低换位。唐人高无际《汉武帝后庭秋千赋》云:"秋千者,千秋也。汉武祈千秋之寿,故后宫多秋千之乐。"

故事内容取材于四进士,旋转结构寓意"风水轮流转,富贵到我家",四个儿童扮演者分别由四座楼的适龄儿童担任,用意为团结进取、登高望远、奋发图强。

该轿原本是三房坪的传统节目,后来善庆楼也添置一架,设施出借扩散至全村。近年增加六人千秋架。

四进士

其源自"一门四进士,兄弟两状元"的典故。宋朝初年,生于四川阆中(今四川阆中市)的陈省华及其三个儿子陈尧叟、陈尧佐、陈尧咨均进士及第,且有两个状元,颇有政绩。

一门四进士的现象在全国有 14 例,在各地民间广泛流传,成为坊间说书的题材,也成为人们争相学习的榜样。到了清晚期以后,戏剧开始兴起,这种现象又成为各地戏剧的题材,得以广泛流传。也是出魁活动经久不衰的传统节目。

人们选择这个题材用以鞭策后代学习进取、不断上进,同时表达了长辈的期待,寄托了人们望子成才的美好愿望。

三及第

科举制度的乡试、会试、殿试的第一名分别称为解元、会元、状元。乡试录取为举人,会试录取为贡士,殿试录取为进士。殿试前三名分别为状元、榜眼、探花,是一甲进士。三场考试均获得第一名俗称"连中三元",被称为"三元及第"或"三及第"。在科举考试的历史中,连中三元者仅 13 人,百年一遇,凤毛麟角。该节目寄托了人们对子女读书成才的期望,也是出魁活动经久不衰的传统节目。

三及第

五子登科

五子登科典故出自《三字经》。经曰:"窦燕山,有义方,教五子,名俱扬。"《宋史·窦仪传》记载:宋代窦禹钧的五个儿子仪、俨、侃、偁、僖相继及第,故称"五子登科"。其体现了父母望子成龙,希望子女登科及第,成为国之栋梁的美好愿望。同时,窦燕山的行善积德、教子有方、富贵长寿也为人们津津乐道,该节目也成为出魁活动经久不衰的传统节目。

将相和

将相和的典故出自司马迁《史记·廉颇蔺相如列传》。战国时,赵国人蔺相如奉命出使秦国，不辱使命，完璧归赵，被封为上大夫；又陪同赵王赴秦王设下的渑池会，使赵王免受秦王侮辱。赵王为表彰蔺相如的功劳，封蔺相如为上卿。渑池之会后，赵国大将廉颇不满蔺相如位居自己之上，想要羞辱蔺相如。蔺相如只好处处回避廉颇。廉颇得知蔺相如相忍为国，大受感动，于是向蔺相如负荆请罪，从此将相和解，同心辅佐赵惠文王，对抗强大的秦国。后来被改编为京剧《将相和》，广为流传。其也是出魁活动的传统节目。

该节目表达了不结私怨，一心为国的情怀。

四大才子

其取材于明代苏州四位才子——解元唐伯虎、举人祝枝山、翰林待诏文征明、进士徐祯卿。他们才华横溢，诗、书、画"三绝"，性情洒脱，作品颇丰，誉满江南，被称为"江南四大才子"，亦称为"吴门四才子"。1993年《唐伯虎点秋香》电影播出后，"江南四大才子"的故事被人们热议，其形象开始出现在出魁队伍中。该节目寄托了人们期望后代成为才华溢众的有用之人的美好愿望。

带子转门

这是社前独有的落地故事，取材于社前赖氏家庙建造者月溪公的经历。故事发生在明嘉靖年间，月溪公与苏氏联姻，新婚转门遭到岳父怠慢，苏氏于是多年不回娘家，待到第五个儿子出生后，才叫弟弟挑箪，全家风风光光回娘家。一行八人，刚好一桌，无需娘家人陪酒、倒酒，这种做法在客家区域是回娘的大礼，给足了娘家面子。返家之时，娘家拿出一坛酒糟送给女儿、女婿。苏氏揭开坛盖，发现封坛盖中藏有一份山林地契，才知道父母将小鸦岭整片山林赠送，一份迟到的嫁妆表达了娘家的深情与励志用意。月溪公夫妇百年之后，合葬在该山。该墓地俗称"糟瓮地"，堪舆家则称之为"猛虎下山"。月溪公带子转门成为一方佳话，后来体现在故事节目中。

无独有偶，三宕石的甲姑与清溪廖氏联姻后，常带子转门，一母三科甲，为娘家增光。该节目成为三宕石的传统节目。

五虎将

该节目取材于《三国演义》，关羽、张飞、赵云、马超、黄忠是刘备帐中的五位大将，武艺高强，勇冠三军，被刘备封为"五虎上将"。人们赞赏他们的勇猛、忠义，他们成为习武者的偶像和学习榜样，体现了民众崇尚英雄的情结。

五虎将

该节目在 1994 年由在抚市水泥厂上班的五位社前农民工首出，轿子是直接将抬杠插进太师椅绑牢而成的，覆盖一床毛毯即可，扮演者头戴盔，身穿甲，束腰带，脚穿靴，背插令旗，手持标志性武器，轿后一面分别书写关、张、赵、马、黄字将旗。此后，该节目成为各姓常态必出节目，儿童扮演者称为"小五虎将"，成人扮演者称为"大五虎将"。后来以单人轿替代太师椅，2016 年出现骑马的"小五虎将"。

诸葛亮

其取材于《三国演义》。诸葛亮，字孔明，号卧龙（也作伏龙），三国时期蜀汉丞相，杰出的政治家、军事家、散文家、书法家、发明家。在世时被封为武乡侯，死后追谥忠武侯，东晋时追封其为武兴王。诸葛亮在后世受到极大尊崇，成为后世忠臣的楷模，智慧的化身，成都、宝鸡、汉中、南阳等地有武侯祠。其散文代表作有《前出师表》《后出师表》《诫子书》等。曾发明木牛流马、孔明灯等，并改造连弩，叫作诸葛连弩，可一弩十矢俱发。三顾茅庐、唱空城、借东风、火烧连营、七擒孟获、诸葛亮挥泪斩马谡等故事广为流传，诸葛亮坐镇中军帐，决胜千里之外，体现出谋略的重要性。自从五虎将节目出现之后，扮演者连续十余年流年不顺，于是民间戏言"五虎上将，有勇无谋，少了孔明，三国归晋"。进入 21 世纪之后，在五虎将节目阵容中增加了诸葛亮这一人物形象。扮演者坐在轿上，头戴纶巾，手摇羽扇，后挂诸葛大旗，上书"运筹于帷幄之中，决胜于千里之外"。

桃园结义（三结义）

其取材于《三国演义》，是成语典故。东汉末年，天下大乱，朝廷发布文告，下令招兵买马。刘备、关羽、张飞三人相遇在涿县，观看文告之时，一同喝酒并各自抒发鸿鹄之志，志投意合，便在桃花盛开的桃园里焚香，结拜为异姓兄弟，按年龄刘备为大哥，关羽为二哥，张飞为三弟，并明誓："同心协力，救困扶危；上报国家，下安黎庶。"该节目表达了传统的忠义精神，成为桃源自然村的传统节目。

常胜将军

每战必胜的指挥官被称为常胜将军，但历史上少见。人们对战略、谋划、指挥部署卓有成效的将军，或者大胜小败的将军，都会尊为常胜将军。该节目展示古代将军风采，期待将军常胜，表达了人们的英雄情结。

包公与公孙策

其取材于《三侠五义》。包公是民间对包拯的敬称，包拯字希仁，官拜龙图阁直学士，因此又称为"包龙图"，他是百姓心目中的清官，执法严明、铁面无私、关心民苦、为民请命、努力改革、兴利除弊、严惩贪污、廉洁清正，百姓称之为"包青天"。包公身边的幕僚公孙策，小说中的官职是主簿，智慧超群，忠心辅佐。在影视作品中公孙策才貌双全，学识渊博，琴棋书画无一不精，是国之栋梁。以文人的形象出现，外貌温文儒雅、清秀绝伦，而且有些仙风道骨。其医术高超，常扮成算命先生。所以，节目中包公形象身穿宋代官服，黑面长须，公孙策则是白面书生，手持算命旗。

展昭

其取材于《三侠五义》。展昭是小说中的原创人物，是一个武艺高强、侠肝义胆之人，少年行侠，仗剑四方，好管不平事，百里传名，被尊为"南侠"。他途遇少年包拯，多次救包拯于危难之中，一文一武成为莫逆之交。他后来供职于开封府，成为包龙图破案的得力助手。在包公的推举下，他成为御前四品带刀护卫，帝赐"御猫"。包公与展昭，文武相得益彰，深受人们喜爱，成为说唱、小说、戏剧、电影、电视的题材，在民间广为流传。

该节目扮演者儒生服饰，手持巨阙剑，展示了古代侠客展昭儒、法、侠的英姿。

薛仁贵

薛仁贵是唐朝名将，战功赫赫，青史留名。民间传说他日食三斗米，力大无穷，武功盖世，精通文韬武略。《薛仁贵征东》小说化、戏剧化，《说唐》再演义，他的形象更加出神入化，深入民间。2006年，《薛仁贵传奇》电视剧播出后，薛仁贵的形象出现在出魁故事队伍中。扮演者装扮成白袍将军，手持一支薛家枪，悬挂一面薛字帅旗，英姿勃勃地站立在轿上。该节目表达了薛仁贵的英雄气概。

薛丁山

薛丁山是薛仁贵之子，童年时因薛仁贵箭射老虎而被误伤，并且被老虎叼走，后被云门山水帘洞的王敖老祖所救，从此在其门下学艺。当时薛仁贵没有追上老虎，家人都认为薛丁山被射死了或被老虎吃了。当平辽王薛仁贵征西深陷重围时，薛丁山奉师命下山救父，薛丁山凭借高超的武艺夺得二路帅印，带领军队征西，最终取得胜利。薛丁山征西期间与窦仙童、陈金定、樊梨花的爱情，通过《薛丁山征西》小说得以传播，成为影视题材。2006年，该节目出现在出魁故事队伍中。

四大将军

四大将军即战国时期的四位著名将领。白起，也叫公孙起，秦国杰出的军事家、统帅；王翦，秦国杰出的军事家，与其子王贲在统一六国战争中功勋卓著，除韩之外，其余五国均为王翦父子所灭；廉颇，赵国末期名将，84岁高龄依然上阵，老当益壮；李牧，赵国杰出军事家、统帅，官至赵国国相、大将军衔，受封武安君。

该节目扮演者身披战甲，手握钢枪，还有一队士兵跟随，阵容威武雄壮，展现了古代军人风采，表达了人们崇尚英雄的情结。

秦代双雄

该节目以军人形象展现，表现的是秦代统一六国期间的大将王贲、蒙恬。王贲是王翦之子，率军攻魏，魏王投降，尽取魏地。率兵攻燕，俘虏燕王喜，灭燕。又回师攻代国，俘代王嘉。秦王政二十六年（前

221年），又率军从燕南下攻齐，俘虏齐王建，遂灭齐，统一中国。因功被封为通武侯，曾随秦始皇东巡琅琊。蒙恬北定匈奴，一战定乾坤，东破齐都，实现了秦始皇梦寐以求的全国统一，战功赫赫，有战神之称。

节目以文官形象展现，则表现的是秦宰相吕不韦和李斯。他们两人均为秦王政兼并六国、统一全国建立秦朝做出重大贡献。吕不韦立秦王政为王，为相邦，号称"仲父"，是著名政治家、思想家，主持编纂了《吕氏春秋》，并传世。李斯在秦朝建立后，在加强中央集权的国家制度建设方面做出杰出贡献，是著名的政治家、文学家和书法家。他们是秦朝政治双星。

该节目展现了中华民族第一次实现全国大统一的历史人物，表达了民族团结、国家统一的坚定意志。

竹林贤士

该节目取材于竹林七贤。魏晋时期，有一个著名的文学群体，山阳的嵇康、陈留的阮籍、河内的山涛、沛国的刘伶、陈留的阮咸、河内的向秀和琅琊的王戎等七人都是魏晋文学的代表人物，他们相与友善，时常一起聚会竹林之下，放任不羁、饮宴欢乐，被称为"竹林七贤"。

2010年元宵节期间，该节目在善庆楼的策划下，出现在出魁故事队伍中，小演员天真地表现了竹林之下的宴、兴、欢、游、会、狂、笑、傲的狂放不羁的场景。

西厢记

《西厢记》是元代王实甫所撰的戏剧。剧中男主角为父母双亡的礼部尚书之子张君瑞，在赴京赶考途中，在河东府的普救寺见到前朝宰相之女崔莺莺，郎才女貌，相互爱慕。张生计退孙飞虎，老夫人只准结兄妹，红娘牵线月下会，崔母允下功名诺。张生高中新状元，郑恒谎言生波澜，张生赴任河东府，有情人终成眷属。

鲤跃龙门

这是中国的古代民间传说，也叫鲤鱼跳龙门。古人发现，每年到了春季的时候，一群群的黄河金色鲤鱼会逆水上溯，在龙门形成跳跃的群体，在阳光照射下金光闪闪，由于瀑布阻隔水流湍急，没有任何鱼类可以登上，所以古代人们想象这些金色的鲤鱼跳过龙门以后就会变化成龙升天而去。后来实行科举制度后，人们用"鲤跃龙门"来形容获得功名的学子，"一跃龙门，身价百倍"。

该节目微场景采用硕大的鲤鱼假山，扮演者坐在鲤鱼中，轿后以拱门表示龙门，悬挂"鲤跃龙门"字标。节目表达了人们期待子女能够幸福成长，像鲤鱼一样跳过龙门成龙。

三状元

科考历史上父子状元与兄弟状元颇多，鲜见一门三状元。然而，一地多状元颇多，文天祥的家乡是中国状元之乡，是出过最多状元的县，江苏则是状元最多的省。人们以此名出故事，不仅寓意家乡多出状元，更是期待扮演者个个能够在学业上及事业上获得第一，只要有知识、有能力，行行出状元。

四大天王

四大天王是佛教的护法天神,俗称"四大金刚"。在净土佛寺内,第一重天王殿的两侧站立的四大天王就是他们,寓意位于第一重天。他们分别是:东方持国天王多罗吒,持琵琶,司调;南方增长天王毗琉璃,持宝剑,司风;西方广目天王留博叉,持蛇(赤龙),司顺;北方多闻天王毗沙门,持宝伞,司雨。组合起来便成了"风调雨顺"。中国神话中托塔李天王李靖就是从多闻天王演化而来。

香帅

《香帅传奇》是根据古龙小说《楚留香传奇》改编的电视剧,1995年播出后,楚留香的形象在观众心中留下深刻印象。楚留香温文尔雅,倜傥风流,大盗本性,侠义心肠,常处万花丛,片叶不沾身,被喻为"香帅"。扮演者书生打扮,手摇折扇,轿台摆满鲜花绿叶,悠然自得站在万花丛中笑。

小龙女

小龙女是观音菩萨座前右近侍"玉女",在佛教中有"茅塞顿开,立地成佛"的佳话,也被称为"进宝仙女"。在《西游记》中是碧波潭万圣龙王之女万圣公主。在金庸《神雕侠侣》中是古墓派第三代掌门人,杨过的妻子。小龙女到底是谁,众说纷纭。但是,不管是谁,均是美妙佳人。该节目的服饰在不同年份均有变化,作为单独节目出现是在计划生育时代,废除女童不能上故事的规定之后。节目体现了人们的审美观。

龙太子

在《西游记》中，四海龙王的儿子均称为龙太子，以数字分长幼。动画故事片《龙太子》在2008年播出后，吸引了社会大众尤其是小朋友们的广泛关注，龙太子的形象不断出现在商业品牌以及其他动漫作品中。

该节目以龙太子形象展示，表达了人们的爱子之心，寄托了人们期望后代有龙的能力与寿命的美好愿望。

太上老君

其取材于《西游记》。太上老君是道教祖师，其传世作品《道德经》是老子所著，应该说太上老君是老子的神化形象。在庄严肃穆的道教三清大殿中，供奉着神态端庄的三位尊神，这就是道教的最高尊神"三清祖师"。三清即玉清元始天尊、上清灵宝天尊、太清道德天尊（太上老君）。太上老君居左，手持蒲扇。节目中扮演者身穿白袍，身前摆放炼丹炉，左手托丹葫，右手持拂尘，白发白须，仙风鹤骨，专注炼丹。节目展示了传统道教始祖与老庄学说。

哪吒（哪吒闹海、莲花童子）

哪吒是中国神话故事中的英雄人物，《西游记》和《封神演义》中均有描述。书中说哪吒是托塔天王李靖的第三子，捉龙抽筋，大闹东海,痛打东海龙王,拔龙甲,割肉还母,剔骨还父,为太乙真人用莲花与莲藕造了一个新的人形,成为永不长大的儿童形象:"头戴乾坤圈,臂绕混天绫,脚踏风火轮,手持火尖枪。"哪吒闹海也成为人们津津乐道、耳熟能详的故事。

哪吒信仰兴盛于道教和汉民族中,又有古印度的佛教和古波斯的渊源,深受人们的喜爱与崇拜。

出魁节目中哪吒单人轿的造型有立姿与坐姿两类,服饰较华丽,保留头梳角辫,身挎乾坤圈,手持尖火枪,臂绕混天绫的造型,立姿中加风火轮。

该节目是近年新出的,体现了人们的英雄崇拜。

二郎神

二郎神是道教神仙,在《西游记》中是玉皇大帝的亲外甥,在《封神演义》中叫杨戬。二郎神大战孙悟空的故事在民间广为流传,二郎神也是人们非常喜爱的神仙。《西游记》中对二郎神有如下描述:"仪容清俊貌堂堂,两耳垂肩目有光。头戴三山飞凤帽,身穿一领淡鹅黄。缕金靴衬盘龙袜,玉带团花八宝妆。腰挎弹弓新月样,手执三尖两刃枪。斧劈桃山曾救母,弹打鏦罗双凤

二郎神

凰。力诛八怪声名远，义结梅山七圣行。心高不认天家眷，性傲归神住灌江。赤城昭惠英灵圣，显化无边号二郎。"

出魁节目中二郎神单人轿的造型一般为立姿，服饰为戏剧中武将装扮，身边有只哮天犬，眉间有只通天眼，手持三尖两刃枪，三大要素基本保留，也曾配过弹弓，或持，或背，或腰挎。

该节目是近年新出的，表达了人们崇尚英雄的情结。

皇帝出巡

中国历史上第一个皇帝秦始皇，在位时间不长，出巡颇多。帝驾出巡，排场隆重，为历代出巡皇帝所效仿。

该节目以此名出现，反映了排场之风的蔓延，以至于儿童扮演者则命名为"小皇帝出巡"，不仅曲解了皇帝出巡的目的和意义，也混淆了"出巡"与"出游"的差别，虽然应景，却是一种没有文化内涵的搞笑，不过是扮演了一回皇帝，满足了虚荣心而已。后来，节目取消"出巡"二字，以"皇帝""小皇帝"的名目出现，反映了现实社会中帝王影视剧泛滥和人们宠爱孩子的心情。

葫芦娃

其取材于动画片《葫芦兄弟》。上海美术电影制片厂于1986年原创出品的13集系列剪纸动画片《葫芦兄弟》，又名《葫芦娃》，是中国动画第二个繁荣时期的代表作品之一，至今已经成为中国动画经典。讲述了赤橙黄绿青蓝紫7只神奇的葫芦，成了7个本领超群的兄弟，为救亲人前赴后继，展开了与妖精们的周旋。该动画自1986年播出以来，一直受到广大观众，尤其是少年儿童们的喜爱。

神武将军

唐朝禁军在唐开元二十六年（738年）分御林军设置左右龙武军，又置左右神武军。唐肃宗至德二载（757年）称神武军为神武天骑，官职有大将军、统军、将军，以及长史、录事参军事、仓曹参军事、兵曹参军事、胄曹参军事、司阶、中候、司戈、执戟、长上等官。左右神武军与左右羽林军、左右龙武军合称"北衙六军"。

该节目以神武将军名称展示，表现了大唐盛世的军容军威。

五鼠闹东京

其取材于《三侠五义》。北宋年间，陷空岛住着五个结拜兄弟，绰号"五鼠"：钻天鼠卢方、彻地鼠韩彰、穿山鼠徐庆、翻江鼠蒋平和锦毛鼠白玉堂。五鼠身怀绝技，行侠仗义，除暴安良。江湖南侠展昭因护佑包公有功被宋仁宗赐"御猫"封号，盛名遍传江湖，引起了五鼠的不满。心高气傲的白玉堂首先沉不住气，一个人离开陷空岛，上京找展昭挑战。途中遇上善良正直而又手无缚鸡之力的赶考书生颜查散遭强人抢掠，于是暗中出手相助，并与之结为异姓兄弟。白玉堂抵京后，夜入皇宫盗宝伤人。白玉堂与展昭二人因此展开一番针锋相对、斗智斗力的较量，引出了"五鼠闹东京"的故事。后经包拯等人的多方调解，双方终于化干戈为玉帛。五鼠对包大人的正直无私钦佩不已，决定留下来与展昭共同辅佐包大人，造福百姓。

节目中分别以福、禄、寿、喜、财来标记"五鼠"，寓意"五福临门"。

七仙女（单人轿）

该节目表现了七仙女的心灵手巧及其心地善良的优良品德。

传说玉皇大帝的第七个女儿，有一天巧遇董永，得知他因家贫无钱安葬死去的父亲，只得卖身为奴葬父。七姐深受感动，违反天规与董永私结百年之好，在大槐树下拜堂成亲。大槐树这个媒人高兴得昏了头，把"百年好合"说成是"百天好合"，害得董永和七姐只有百日缘分。七姐用巧手金梭织出了10匹云锦，赎出了董永，准备夫妻同心协力建设家园。不料玉皇大帝得知后十分震怒，派遣天兵天将急召七姐回宫，七姐不得不忍痛返回天庭。她的金梭化成了飞梭石，织机留在了人间，人们在夜深人静时仍能听到"咔嚓、咔嚓"的织机声。每年七月初七的晚上，身着盛装的姑娘会聚在飞梭石旁，手捧针线盒向七姐乞巧，唱乞巧歌。唱完乞巧歌后，还要询问年成好坏、吉凶如何、能否婚嫁等事宜。董永与七仙女的动人故事被编入明代传奇剧《织锦记》，后来被编成戏剧《天仙配》，广为流传。

仙女下凡（和平女神）

该节目是"铁机"的传统节目。"仙女下凡"是民间故事《天仙配》《牛郎织女》等诸多仙女下凡造福人间的故事的综合。轿子的特殊构造正是为了表达故事内容而设计制造的。该节目是圳唇地段的传统节目。

和平女神节目取材于上海和平女神塑像，以其取代仙女形象，是为纪念抗日战争胜利及联合国成立而专门策划的节目。1946年元宵节是抗日战争胜利后第一个元宵节庆，节目以"和平女神"的形象出现在出魁队伍中，扮演者有五人，全部为男童，扮演女神者坐在铁机上，身穿洁白纱裙，有凌空飘落之美，轿台坐四人，分别装扮成蒋介石、斯大林、罗斯福、丘吉尔，轿台立体布局，化装惟妙惟肖，至今令人难忘。该节目表现了民间艺术的独创性，表达了人们庆祝抗日战争胜利和联合国成立的喜悦之情。

仙女散花

该节目取材于佛经和梅兰芳经典京剧剧目。佛经中传说，如来佛在西天莲花宝座讲经解法，忽见瑞云东来，遥知得意弟子维摩诘患病。于是，安排众弟子前去问候，并断定维摩诘要借机宣经释典，便派天女前去检验弟子们的学习情况。天女手提花篮，飘逸而行，来到尘世间低头下望，见维摩诘果然正与众人讲学。随即将满篮鲜花散去，弟子舍利弗满身沾花。众人诧异万分，天女曰："结习未尽，固花着身；结习尽者，花不着身。"舍利弗自知道行不行，便愈发努力学习。该故事被著名京剧演员梅兰芳改编为京剧，并经常演出，成为梅派传统剧目。

京剧舞台形象成为该节目的主要装扮，扮演者多为女童或少女，坐或站立在花丛之中，表达仙女的善良与美丽，寄托了人们希望"春满人间，吉庆常在"的美好愿望。

四大美人

该节目取材于我国传说中的四大美人的典故，即西施浣纱、昭君出塞、貂蝉拜月、贵妃醉酒。成语"沉鱼落雁"所指的"沉鱼"是指西施浣纱时鱼儿下沉,"落雁"是指昭君出塞时大雁从空中下落迎接。"闭月羞花"所指的"闭月"是指貂蝉拜月时月儿遮脸躲了起来,"羞花"指的是杨贵妃观花时花儿羞见闭合了起来。在古代受女人不上节目的限制及男扮女装的局限,比较少出。改革开放之后,该类题材多了起来,有四人组合轿式的"四大美人",也有单轿列阵或单出"西施浣纱""昭君操琴""貂蝉拜月""贵妃醉酒"或"贵妃观花"。

该节目在人选上均选择貌美的幼童或未嫁女子扮演,题材上反映了人们的爱美、审美意念以及选婿招婿的暗示。

蔡文姬

汉末著名才女蔡文姬,名琰,字文姬(一作昭姬),陈留圉(今河南杞县西南)人,是曹操好友蔡邕的女儿,博学有才,通音律,据称幼时便能用听力迅速判断古琴的第几根琴弦断掉,是建安时期著名的女诗人,中国古代四大才女之一。代表作有《胡笳十八拍》《悲愤诗》等。1991年,在西安城东南蓝田县三里镇乡蔡王村建立蔡文姬纪念馆。馆内详细介绍了蔡文姬的生平事迹,陈列着蔡文姬的著作以及史书中的记载等,还有蔡文姬墓和现代著名书法家书丹的《胡笳十八拍》石刻。该节目表达了人们惜才爱才之心。

李清照

该节目取材于宋代著名才女李清照的事迹。李清照,号易安居士,齐州章丘(今山东章丘西北)人。她出生在一个具有文化传统的士大夫家庭。其父李格非是一个散文家,藏书颇富。李清照自幼涉猎群书,文学根基厚实。她擅长书、画,通晓金石,而尤通诗词。她的词作独步一时,流传千古,被誉为"词家一大宗",是婉约词派代表,有"千古第一才女"之称,是中国古代四大才女之一。她有《易安居士文集》七卷、《易安词》(一名《漱玉词》)八卷,但已经遗失。现有《漱玉词》辑本,存约五十首。

该节目展示了中国才女的风貌,揭示了女子有才有德、备受尊重的社会现象。

穆桂英(穆桂英挂帅)

该节目取材于《杨家将》故事。

穆桂英是杨门女将中的杰出代表,举世无双,保家卫国,深受人们喜爱,是评书、戏剧、电影的主角,如《杨门女将》《穆桂英挂帅》等。扮演者以舞台形象展现,头戴锦雉冠,身穿甲袍,背插令旗,手持杨家枪,后面悬挂"穆"字帅旗,飒爽英姿,展现了女中英豪的面貌。

玉兔嫦娥

该节目取材于嫦娥奔月的神话故事。

嫦娥是我国上古神话中的人物,嫦娥奔月的故事千古流传。传说嫦娥是帝喾之女,美丽非凡,成为后羿之妻,因偷吃后羿从王母娘娘处求得的不死仙丹而奔月成仙,居住在月亮上。我国探月工程实施以后,飞行器以"嫦娥"命名。2007年10月,嫦娥一号围绕月球完成探测任务。2010年10月,嫦娥二号升空至今成为太阳系的小行星,还在太空中绕行。2013年12月，由着陆器和巡视器组成的嫦娥三号探测器奔向月球，巡视器被命名为"玉兔号"，探测器顺利着陆月球，圆满完成任务，至今在月球上已经超期服役，仍然运转。千古神话变成现实。节目不仅表现了嫦娥的美丽，也第一次将活兔子放上轿子，表达了对探月工程顺利实施的祝贺。

月亮仙子

在道教中，嫦娥是月神，称"太阴星君"，尊称"月宫黄华素曜元精圣后太阴元君"。民间传说嫦娥居住在月亮上的广寒宫内，吴刚伐桂，玉兔捣药，毛主席的浪漫诗句"吴刚捧出桂花酒，寂寞嫦娥舒广袖"就是对民间传说的注解。所以，民间也称嫦娥为"广寒仙子""月亮仙子""月亮女神"。该节目是嫦娥节目的另一种版本，表现的是仙子的美丽和探月飞行器顺利着陆的寓意。

武媚娘（武则天）

该节目取材于唐朝武则天的故事。

武则天历经唐初四朝，即唐太宗、高宗、中宗、睿宗后，自立皇帝，成为中国历史上唯一得到普遍承认的女皇帝，705年退位后成为历史上唯一的女性太上皇，一生颇具传奇色彩，成为诗歌、小说、戏剧、电影、电视剧的素材。尤其是长篇电视连续剧《武媚娘传奇》播出后，引起社会热烈反响。于是，武媚娘的形象出现在出魁故事队伍中。

百花仙子（花仙子）

神话传说中百花仙子是管理天上人间花卉的百花之主，负责百花的开放、衰败、颜色、香味、生长地点等各类百花相关事务。古代小说《镜花缘》《封神演义》及戏曲《天女散花》中均有她的传奇故事。她不仅是个美丽的神仙，而且所做的事情也是美丽的，深得人们的喜爱，成为美的化身。

该节目扮演者的服饰全凭想象，所塑造的形象在发型、服装、佩戴饰物等方面每个人各有特色，表现了仙女的飘逸和姑娘的美姿。

女状元

在中国历代封建王朝中，女人是不能参加科考的。有记载的是在太平天国时，开女科考试，出过一个女状元叫傅善祥，洪秀全赐她在南京城内骑马游街三日，轰动京城，"但见街头巷尾中，众口连呼傅状元"。后来派往东王府任东殿女簿书，恩赏丞相。在小说《镜花缘》中，武则天为被贬下凡的百花们开女科，录取女状元、女进士。小说虽是虚构，故事却流传很广，深受人们喜爱。

该节目扮演者的服饰是古代状元服饰，不仅表达了人们望子成龙、望女成凤的期望，也反映了新社会的进步，女状元已经成为通过努力可以实现的现实。

文成公主

文成公主是汉藏友谊的使者，深受藏族人民的爱戴和纪念。文成公主知书达礼，不避艰险，远嫁吐蕃，为促进唐蕃间经济文化的交流，增进汉藏两族人民亲密、友好、合作的关系，做出了历史性的贡献。文成公主与松赞干布的联姻，促进了唐蕃会盟和藏地发展，加强了祖国的统一，成为千古佳话。多部有关文成公主的影视剧播出之后，大唐公主、和亲公主的艺术形象深入民心，也为出魁女性扮演者提供了素材。

九天玄女

九天玄女又称玄女，俗称九天娘娘、九天玄女娘娘、九天玄母天尊，民间传说她是一位法力无边的女神，因除暴安民有功，玉皇大帝敕封她为九天玄女、九天圣母。她原是中国上古神话中的战争女神，是一位深谙军事韬略、法术神通的正义之神，形象经常出现在中国各类古典小说之中，成为扶助英雄、铲恶除暴的应命女仙，也是道教所信奉的著名女神，还是香烛业奉祀的祖师爷。

她的神像雍容华贵，所以节目依此原型扮演塑造。

格格（格格出巡）

格格是满语对未出嫁女子的称呼，无论身份贵贱，未出嫁的女子都可称为"格格"，汉语直译为"姑娘"。清朝建立以后成为满族贵族女性正式封号之一，受封之人职阶多在郡县这一层。在现代流行文化中，受到影视作品的影响，已经接近于"公主"的称呼，尤其是在1998年依据琼瑶作品改编的电视连续剧《还珠格格》开播之后。2013年新《还珠格格》播出之后，"格格"的地位更上一层楼，因此出现"格格出巡"的节目。不管节目名称如何,人们都适时应景地表达出望女成凤的期望。

梁红玉

其取材于《杨国夫人传》。梁红玉是宋朝抗金英雄,与丈夫韩世忠一起阻击金军北渡长江,站立船头冒着箭雨擂鼓助威,取得多次战役胜利,将金军逼入黄天荡。多部电影、电视剧和京剧都刻画表现了梁红玉的英雄气概,其击鼓退金兵的形象深入人心。节目造型即以此表现,一身戎装,飒爽英姿站在轿上擂鼓,身后悬挂"梁"字将旗。

女驸马

《女驸马》是根据传统戏剧《双救主》改编的黄梅戏代表剧,刘琼导演的戏曲电影,是著名艺术家严凤英的代表作。故事讲述了湖北道台之女冯素贞与李兆廷在同窗共读时定下婚事,李家遇难,到冯家借钱,遭继母逼退婚。素贞被迫进京寻找哥哥未见,冒名顶替李兆廷应试,得中状元,被招为驸马,洞房之夜实情相告于公主,皇帝赦免其罪,冯李终成眷属。2010 年,该节目出现在出魁故事中。

王母娘娘上寿

其取材于神话小说《西游记》。传说农历三月三日是王母娘娘的生日,各路神仙都会到瑶池给王母娘娘拜寿,王母娘娘会把"御花园"的蟠桃拿出来招待客人,谁吃了蟠桃不仅会延年益寿,而且会增强法力。所以，扮演者头戴凤冠，服饰华丽，手捧硕大的蟠桃，表达了人们追求长寿幸福的愿望。

琴棋书画

琴棋书画是我国古老的四大艺术门类，据文献记载，伏羲发明琴瑟，尧舜发明围棋，黄帝时的史官仓颉发明汉字，帝舜的妹妹嫘首是文献最早提到的专业画家，因此，琴棋书画奠基于三皇五帝时代，即中原龙山文化时代。弹琴、弈棋、书法、绘画是文人骚客（包括一些名门闺秀）修身所必须掌握的技能，称为"文人四友"。

该节目中，女子怀抱琵琶，身穿古装，轻拨琴弦，一路弹奏，展现了名门闺秀的文化素养与风姿。

三圣母

节目取材于古代神话故事《沉香救母》，传说玉帝妹妹的小女儿三圣母与金童在蟠桃会上因为对视互笑，被玉帝贬下凡间，三圣母贬至华山西岳庙，金童投胎刘家，取名刘彦昌。后来两人结成连理，生下一子叫沉香。三圣母怀孕之事被二郎神得知，二郎神将三圣母镇压在华山西峰大石之下。沉香求学时，从父亲口中得知母亲的情况后，决心救母。他得到何仙姑的帮助，授以仙法，获得萱花神斧。沉香在众神的力助下，与二郎神等众仙大战，最终斧辟华山，救出母亲。汉武帝时，人们在华山建造了西岳庙圣母殿，供奉着三圣母、刘沉香、侍女灵芝三尊神像。节目以三圣母的形象弘扬了沉香救母的英勇孝义精神。

5 仪仗阵容相得益彰

社前出魁活动不仅故事轿多、规模大,而且还有很强的仪仗阵容。有被列为省级非物质文化遗产项目的十番音乐队,有十八罗汉鼓、腰鼓、五色锣鼓等鼓乐队,有舞龙舞狮,有武术表演,等等,为活动增添了亮丽的色彩。

十八罗汉鼓

该节目是武馆的传统节目。鼓高80厘米,鼓面直径60厘米,腰鼓状,一棚八人,领队一人,以鼓点指挥队形变换,由二棚十八面鼓和十八人组成鼓阵,鼓点与舞步分为行进和场地两类,行进中分二队,场地中二队可以各自表演,围绕领队旋转、换位,也可以合舞,队形穿插,交叉换位,人鼓旋转,鼓声不停,非一般人能力可为。舞鼓者不仅需要体力,而且需要耐力,武功基础扎实方可胜任。所以,称为"十八罗汉鼓"。该节目是皆和房的传统节目,清雍乾时期曾有"一家十八对拳头"之誉。今以大鼓取代。

五色锣鼓

社前五色锣鼓,据说是由到江浙一带经商的赖姓族人,将苏杭鼓乐传入后形成。苏州赖氏烟号在乾隆二十二年(1757年)获得御赐"烟魁"称号之后,族人决定在次年元宵举行大庆活动,在江浙、湖南一带行商的族人将昆剧的鼓乐与花鼓戏的鼓乐同时引进,组成鼓乐队伍进行训练,参加元宵庆祝活动。该形式吸引全村音乐爱好者的参与,出现"斗鼓"场景,比赛鼓乐节奏变化。斗鼓习俗一直延续到民国时期。由于斗鼓,形成融合,因此,谁也说不清当地的鼓乐源自湖南还是源自江浙。

乐器主要有扁鼓、铜钟(锣形,锣心为半圆球突空心状,音色浑厚如钟鸣)、小锣、大钹、小钹五种,演奏时形成五种音色的配合,所以称为"五色锣鼓"。扁鼓是指挥乐器,鼓点节奏的变化,形成紧板、慢板交替,敲击鼓面不同部位,出现鼓音高低的差别。章节之间采用转板、过门衔接,有时采用刹鼓、息锣来突出其他乐器的配音特色,也有单音节拍,五音配合变幻多彩。在行进中的乐谱,称为"行进鼓",或称"路鼓",适应行进要求。在堂屋中的乐谱,节奏变化频繁,音色变化丰富,称为"坐鼓"或"堂鼓"。

传统出魁主阵配置喇叭乐队,其余每个故事轿后均有一队五色锣鼓跟随。如今,为了传承,在小学举办爱好班,进行课余培训,吸引了青少年的积极参与。

十番音乐

客家十番又称"十班""集班""集欢""五对"等，因用丝、竹、革、木、金制作的十种乐器演奏而得名。基本的乐器有扬琴、曲笛、芦管、琵琶、三弦、二胡、小胖壶、大胖壶、夹板、沙锤等，笛子为其领奏乐器。演奏形式分坐奏和行奏两种，掌板者为指挥。笛子引路（主导），文场和武场间隔进行。

社前村十番乐队曲目有《菩庵咒》《梅花过渡》《五对》《哭竹》《反金泉》《正金泉》等，还吸收了历代戏曲剧种中的曲段、唱段和曲艺作品等，尤其是客家汉剧曲目如《九节龙》《南进宫》《过龙江》《迎仙客》《进酒》等。

十番不仅是天后宫"龙华会"的保留音乐，也在出魁活动的队伍中演奏，成为出魁队伍中的雅乐。出魁中的十番配有喇叭和茶担，茶担内有茶水、糕点、水果、零食和绿豆汤，沿路服务乐队。十番音乐在2006年5月20日经国务院批准被列入第一批国家级非物质文化遗产名录。

双龙出海

社前村传统的龙，是由竹篾编织包裹绵纸或布匹上色而成，一般长20米左右，11节，龙身每节直径60厘米左右，内插蜡烛即成龙灯。未举行出魁活动之前，元宵期间历来是由大龙与小龙组合出游，大龙由12人舞动，小龙由4人舞动。元宵起鼓，每晚双龙出海，拜贺新春。在出魁活动中，延续了夜故事的传统，成为日夜故事兼备的传统节目。

双龙出海

腰鼓队

社前村的腰鼓队可以由几人至几十人一同表演,是社前文艺爱好者的日常活动项目。在春节、元宵出魁、庙会及各种节庆活动中,腰鼓队都会进行表演。

梁哥

该节目为中寨村的传统节目。

梁哥,顾名思义就是"梁山泊的哥们",取材于四大名著《水浒传》中"智取大名府"这一段故事。北京城元宵放灯之际,吴用调集八路人马团团围困京城四门,梁山好汉化装成各色身份的人群入城观灯,智取大名府，所以该节目又称"花子进城"。该节目角色众多，阵容庞大，表演者边唱歌边舞蹈，动作幅度夸张，队形根据剧情的进展而不断产生变化，所以又称"穿梁歌"。

四 出魁活动盛大登场

从清乾隆二十三年（1758年）起，每年的正月十五元宵节，社前村赖姓村民都会迎来一年一度盛大的出魁民俗活动。

1　出魁队伍按时集合

2016年元宵节，社前出魁活动的故事头为村委会主任赖广清。

正月十五这一天凌晨子时，魁星赖广清全家早已起来，经简单梳洗后，全家人立即投入相关准备工作中。首先，做好参神准备。向礼生学习参神、书空礼仪，熟记书空词语。家中备好子时、辰时二副祭礼和相关用具，安排了接送车辆，做好了魁星出门准备。护送魁星的仪仗队、魁星轿、聘请的轿夫等有关人员也已经到位。

清晨卯时，出故事轿的家庭已经拉开忙碌的序幕。各家故事轿都露天停放在自家大门前，旁边摆好一张四方桌，铺上一块红布或红纸做香案，摆放好香炉、香烛、纸炮、三个茶杯和果蔬盘。厨房内忙着做早餐和供品，杀完鸡，将鸡和猪肉过水烫熟，摆上供桌。中间猪肉，左鸡右鱼。故事扮演人员洗漱并用完早餐后，全家即行祭天礼。点烛、倒茶、上香、三鞠躬，礼毕烧祈福神祇。故事人员开始化装，随行人员用餐。演员化好装后，上轿。各家对故事轿、演员及所需物品分别检查确认后，即鸣炮起轿出发，纷纷前往集结地集合。

早晨8时30分左右，天后宫旁的五凤楼德隆建与见在田大门前坪就开始热闹起来，各家各户的故事轿从不同方向抬来，在工作人员的引导下依照抽签顺序到指定位置依次排列停放，等候魁星队伍的到来。四方八邻的采风者也开始云集天后宫。来自海内外的电视台、广播电台、报刊的大量记者，来自福建省龙岩市摄影家协会的摄影家以及周边地区慕名而来的摄影爱好者，在出魁队伍出巡沿线，纷纷抢占有利位置，摆好各自的"长枪短炮"，等待出魁队伍的到来，抢拍这一独特民俗活动的精彩画面。

2016年，社前全村参加元宵出魁的故事节目共54个，故事轿48架。其中千秋架2架（1架4人，1架6人），船板灯1架（15节15人），马5匹，轮式轿2顶（其中单人轿1顶、三人轿1顶）、单人轿21顶、双人轿5顶、三人轿8顶（其中铁机2顶）、四人轿3顶、五人轿1顶。共有演员259人，轿夫（马夫）、护轿、节目牌随行人员556人（含

队伍集合

小演员的家长）。由于出巡时间长，几乎每个小演员的家长都会在旁特护，递送水和点心。

根据以往出巡的惯例及排列顺序，在现场有关人员的组织下，参加出巡的仪仗队、故事轿及各类人员，在大门前坪狭小的空间里，沿村中小道一路有序摆开，形成了见首不见尾的长长的队伍，规模宏大，令人震撼。同时，这一天周边地区前来观看活动的人数多达四五万，到处人山人海，场面十分壮观。

上午9时，魁星、文武财神在仪仗队的护卫下前往天后宫，大龙尾随其后。

2　出巡顺序依次排列

出魁队伍的顺序排列约定俗成，多年来没有太多变化。

仪仗队。主要为魁星出巡服务，由铳队、侍神、鸣锣开道、牌匾队、彩旗队、游山打猎卫队、喇叭乐队等组成。仪仗队阵容的基本要素组成没有变化，但人数组成不会雷同，服饰道具也有变化。

铳队。铳炮是民间的礼炮，铳声轰鸣，四方八邻均能听见，出巡队伍到了何处，闻声也能猜出八九不离十，炮声次数合九、合五，以应魁星帝君的"九五之尊"身份。

侍神。即侍候魁星正神者，1人，属于带路人，从十二日开始与魁星扮演者到各房各楼送帖，参拜各楼祖堂，上香。也是出巡队伍的带路者，其行走路线即为巡游路线，由老人扮演。巡游路线是经过出魁筹备小组共同商议确定的，每年多少有变化，但是基本原则没变，即要经过本村大多数居住点，魁星要到天后宫（初期到观音厅）、万寿寺、聚奎文馆（文馆拆建政府大院后取消）、巫氏家庙、回龙宫、赖氏家庙停靠书空。侍神一手提着香篮，内装香纸蜡烛，一手提赖氏灯笼，巡游最后一站进入家庙后，将灯笼挂在家庙内，寓意永照赖氏族人。

鸣锣开道与肃静回避牌阵。主要起到清道告示的作用。鸣锣2人，由老人扮演，两面大锣左右分行，每人身穿长衫绿衣，头戴礼帽，手持锣槌，槌头包红，肩挑大锣置前，后垂清道黄龙旗加配重。持牌匾6人，装饰一律全身红边布纽黄衣，头扎红巾金徽黄帽。每人持牌匾一块，每块牌匾文字均竖排，第一排大块牌阵左肃静，右回避；第二排大块牌阵左为魁星正神，右为状元及第；第三排小块牌阵左为文武财神，右为诸神免参。牌匾红底金边金字，匾头系绸布红花，红绸沿牌边下垂至一半，大块牌匾为50×125厘米，小块牌匾为30×100厘米，厚均3厘米。

彩旗队。主要由青少年组成，12人，分列两队，旗队跟随牌阵。彩旗为红边黄底绣龙三角旗，旗杆为镀锌钢管，属清朝皇帝出游用彩旗。

游山打猎卫队。始于1930年土匪强盗横行的动乱时期，由青壮年扮演，全部佩戴面具，扮演各类人物，手持鸟铳、步枪等真枪实弹，保卫魁星队伍，防止和制止打劫事件的发生，并将落地故事节目并入

肃静回避牌阵

游山打猎队伍中，队伍排在魁星轿前。魁星也佩带双枪，在大坪岗地段将持笔换成持枪。佩戴面具源自古风"大傩"。这种习俗在"移风易俗"中被革除，至今没有恢复。现今，游山打猎队伍由儿童扮演，领队手持画眉笼，嘴叼水烟壶，儿童不统一服装，全部头戴礼帽，外加一条毛巾（既可装饰，也可擦汗），手持儿童玩具枪（自备），人数不限，多达60人，排在魁星轿之前。2007年开始，曾以马队形式出现。

喇叭乐队。由五种乐器组成，5~9人弹奏。主要乐器为喇叭、二胡、胖胡、板胡、小钹伴奏。喇叭手是领班、指挥，也是队长，喇叭起调，各伴奏手立即跟随。换奏曲牌时，喇叭停吹，其他伴奏手演奏过门。魁星书空时演奏《八角楼》，相传该曲为春秋时晋平公的乐师师旷所作，是供宗庙祭祀或诸侯宴饮时演奏的曲子，全曲演奏完毕需时15分钟。喜庆曲目繁多，以应不同场合，全程可以不重复。乐队必须提前1天到达魁星扮演者家中，在五色锣鼓起鼓时就开始奏乐，第二天从装扮开始到出巡全程跟随魁星奏乐。

民谣曰：出魁炫富，金砖垫脚。排场炫贵，锦衣闪耀。热闹炫丁，人旺势啸。

3 巡游路线百年不变

清乾隆二十三年（1758年）正月十五日元宵节举办出魁活动以来，已经形成固定的巡游路线。魁星必到书空地有：始发地初为大观楼前的观音厅，乾隆五十五年（1790年）改为天后宫，集结地为德隆建与见在田门坪，出巡队伍出发后沿村中大道上老街的万寿寺到达新街的聚奎文馆，进入龙梅驿道（今福三线）到巫氏家庙和水口回龙宫，最后返回家庙闹祠。

观音厅。重建于明末，祀奉观音菩萨。初为出巡队伍始发地，后为魁星扮演者参神地。改为天后宫始发后，相当长时期出魁队伍要由仪仗队陪同魁星、文武财神及鼓乐队、舞龙队前往，大队伍在社前中心大道上等候。魁星与文武财神下轿入厅上香，然后朝天书写祷告词，祈祷大慈大悲普度众生的观世音菩萨佛光普照，礼毕上轿，前坪穿鼓舞龙后与队伍汇合，向万寿寺行进。21世纪后，出巡路线取消绕行大观楼前的观音厅，仅魁星扮演者于元宵子时到观音厅参神祷告。

天后宫。始建于乾隆五十年（1785年），妈祖金身于乾隆五十四年（1789年）朝谒湄洲祖庙后升座宫内，左庑祀奉文武财神与土地，右庑祀奉关帝与观音。天后宫是魁星扮演者参神地、出发前书空地。

出巡队伍

队伍出发后，所经过的楼宇均鸣炮迎接。

万寿寺。建于元至正二年（1342年），明弘治十六年（1503年）重建后，后厅祀奉三宝大佛，左厅祀奉神农（俗称"五谷神"）和定光、叶拂虎二佛，右厅祀奉财神、喜神、贵神，中厅屏前供奉关帝圣君，关平、周仓分立左右。出巡队伍由仪仗队陪同魁星、文武财神及鼓乐队、舞龙队前往，大队伍在大榕树下等候。魁星与文武财神不下轿朝天书写祷告词，祈祷神佛保佑，然后向聚奎文馆行进。所过之处，鞭炮齐鸣。

聚奎文馆。建于乾隆六年（1741年），内设至圣先师孔子神座。队伍到聚奎文馆后，在前坪集结停轿。鼓乐齐奏，龙灯腾跃，花篮穿舞，采茶蝶飞，十八罗汉跃跳穿越。魁星与文武财神入馆在孔子神像前上香行礼，祷告人才辈出。礼毕出馆上轿，在仪仗队的陪同下，向水口

四 出魁活动盛大登场 | 119

回龙宫行进。该馆改建之后，出魁取消入馆向孔子祷告书空，仅保留大门前舞龙行礼。

巫氏家庙。始建于元至正年间，是开基祖婆太娘家发祥地。魁星扮演者饮水思源，敦亲睦邻，是必到所在。出巡队伍到赖氏家庙前集结等候，魁星、文武财神与仪仗队前往，魁星下轿，到巫氏家庙门前书空，写下祝福语言后到下一站。

回龙宫。原祀奉龙王，清乾隆年间改为龙佛庵，1986年后改为回龙庵，祀奉三宝大佛。魁星与文武财神到达回龙宫后，下轿入内上香行礼，祷告风调雨顺、国泰民安。礼毕后与队伍集合向家庙行进。

赖氏家庙。建于明万历初年，庙内祀奉赖景让公宗支一脉神座。队伍到家庙前坪集散。轿式假山整齐排列，大小龙依着庙前案台，十八罗汉鼓列排案下塘前，仪仗队分列池塘两旁，铳队散列池塘前，鼓乐入庙齐奏，魁星与文武财神下轿入祠上香行礼，礼毕铳炮齐鸣，出魁结束，各自抬轿返家。

夜故事是传统的元宵灯节活动，依照明代习俗从正月初八开始至十七日结束，出巡路线以龙灯为主体，在时间与路线上由负责龙灯的故事头自定。清代习俗，从正月十二日晚家庙上灯，然后起鼓出龙，一直到十七日结束。十二、十三、十四三夜村内房族之间互相拜年，先内后外。为了防止拜年队伍拥塞，由礼生统一书写拜年帖，帖中注明时间顺序与拜贺者，时间以一棚、二棚者为短暂停留，三棚者需要打尖，主家需要准备点心。拜贺者派人送往各楼，张贴在中厅墙上。当日晚上拜年灯阵前往各楼，灯牌与喇叭乐队先行，主家鸣炮迎接，灯牌停放靠大门外墙，喇叭乐队跟随入内，在大厅祖堂像前上香行礼，龙灯与大鼓在大门前坪游舞，大楼大厦则龙游一圈，鼓舞厅堂；中等楼宇礼，鼓入厅堂，龙舞前坪；一般堂屋，龙鼓在大门前施礼，房派

集镇巡游

代表入堂上香施礼，礼毕到下一家，主家鸣炮送行。打尖处一般为当日送帖的最后一家。送帖路线不固定，由礼生根据当日拜年队伍安排。十五日晚之后，灯阵必须到天后宫、观音厅、文馆、景让公妣墓地、玉澄公妣墓地、月溪公墓地起鼓游龙，行告祖礼后，龙灯绕墓前风水塘游舞三圈，鸣完铳炮回归家庙。十五日元宵与十七日庙祭之夜闹祠，各路花灯聚集家庙前坪，再行告祖礼，鼓乐齐奏，龙灯、采茶灯、花篮灯等各种灯舞依次进行表演，表演结束后燃放烟花，最后铳炮齐鸣，宣告结束，各自返家。

　　日夜故事轮番交替，形成社前特色元宵节庆，巡游全村，涵盖各房各楼，自娱自乐，形式相互借鉴，路线因时因地略有变化，突出重点，没有遗漏。出魁路线不仅体现村内居民与四方八邻和睦同乐，同时对祀奉道、佛、儒、祖神像所在的古建筑进行参拜，礼数周到，体现了礼仪之乡的文化。

4 出魁必经重要场所

几百年来,社前出魁队伍的路线一直相对固定,未发生太大的变化。但是,随着近年城镇面积拓展,集镇规划及范围的不断扩大,出巡路线也发生了一些变化。但无论怎么变,只要有出魁活动,一些与民间信仰等有关的重要场所是必定去的。

观音厅

明嘉靖十九年(1540年),抚溪迎来一次开发热潮。朝廷征调大批民夫,劈山修路,并在万寿寺前建武溪公馆,会战数月,很快修通从县城经湖雷与抚市交界的龙窟岭入境,在龙潭镇的清风凹出境,进入漳州南靖的漳南道东路。该道从大洋墩南端经过,道路的开通引发大洋墩的开发。明万历年间拦截溪水修建"大洋陂"和水渠,加速了大洋墩的开发。社前先人在大洋墩中建起一座观音庙,祀奉观音菩萨。明末,在观音庙原址建大观楼,故先人说:"先有观音厅,后有大观楼。"

大观楼

抚市大洋塅南端有座四方楼叫大观楼，高五层，宏伟壮观，由社前赖春台始建于明崇祯末年，赖聘台建成于清顺治初，赖秉松修建于道光年初。这座楼在当时不仅是大洋塅土楼群的始祖，也是抚市最大的土楼。

大观楼人才辈出，纷纷外迁，或盖新楼，或迁外地。该楼业已成古董。如今，留居者仅赖秉松长房及满房的几家人而已。

抚市天后宫

抚市天后宫坐落于抚市镇社前村的大洋塅，处在素有"九龙戏抚溪"之称的永定河畔，座申向寅，占地面积2420平方米，主体建筑1296平方米，前后两单元，三进三堂两庑四天井单层土木结构，穿斗抬梁混合式九脊歇山顶。中轴线自东向西依次为前屏墙、门坪、中门、门厅（戏台）、雨坪、中厅、天井、后厅、神座、后花园、后围墙。通道、雨坪、天井均用石料铺砌，檐边、台阶与天井通道铺设石条，外围墙、厅与回廊地面为三合土夯筑。

红墙内建筑分为前后两单元。前单元为回廊式建筑，由三前门（中门、仪门）、门楼、门厅（戏台）、回廊、雨坪、古柏和两边门构成。后单元由中厅、回廊、天井、后厅及两庑、两天井、后花园、水井构成。门楼设在中门上，九脊歇山顶，高大雄伟，宫门前檐口立柱两根，上伏麒麟一对。中门框是石质方柱，镌刻楹联"宫殿九重瞻凤翥，梯航万里沐鸿慈"，门楣上方悬挂"天后宫"匾。门厅在光绪丙子年（1876年）改建为戏台，地面成"凸"字形向雨坪伸展，檐塍10根方柱支撑木质戏台,离地 2 米高,方柱下部为 1.5 米高的石柱,上部为木柱,戏台为两间一厅一走廊结构。中门、左仪门、左边门、右仪门、右边门均与宫外道路通连,宫内建回廊,回廊直通两庑,七门通连,回廊墙壁镶嵌 22 块石碑,记录建宫缘由、组织构架、募捐者及数量。光绪丁未年(1907 年)将回廊改建成教室,兴办社前小学,之后相继办过贫民夜校、启导小学、民办初中等。露天雨坪面积 466 平方米,中间种有两棵柏树,均为乾隆建宫时所植,今古柏尚存一株,后补种一株。左右仪门为拱门,左右边门为石柱方门,左门与左庑便门相通,通往宫外卫生设施,石门框嵌联"履平畴以拓地,临峻路而启扉",横批"繁祉葳蕤";右门与右庑便门相通,石门框嵌联"瞻鱼钥之晨启,肃驺驾以旁趋",横批"景福雜还"。

中厅、后厅、走廊与天井成"回"字形结构。中厅与后堂前后二槛为普通歇山顶,前低后高,屋脊有五层五色瓷雕葫芦顶,左右两条瓷塑彩龙游舞戏珠,俗称"两龙抢珠",两端翘角欲腾,各有飞龙、螭吻及飞凤、仙鹤等彩瓷塑。中厅面积 154 平方米,厅前一级台阶,檐塍石条上建有一对木栅栏,厅中四根"金柱"均为圆石柱,由石鼓础支撑,石柱直径 0.5 米,柱高 5.6 米,中厅后檐口也立两根石柱连接厅柱,共同支撑一对杉木三角桁架,桁架上立柱顶梁,桁架前后各雕两条龙,龙头直冲檐口,昂首欲接天水甘露。栋梁上两边各雕有鎏金凤和凰,其余五梁分别雕五对凤凰,绕梁盘旋飞舞,内侧"金柱"间开设屏门,柱顶桁架间镶嵌花格屏风,屏风下方梁画有鎏金漆画(百鸟朝凤流纹图),顶上悬挂"景福堂"鎏金匾。中厅前柱联为"天上尊神世上亲,后身圣母前身佛";中柱联为"德配乾坤博厚高明弥覆载,恩同父母慈祥恺泽仰尊亲"。中厅两侧土墙中镶嵌四根木质"山柱",中厅 10 根圆柱以木枋穿斗榫合,支撑中厅与走廊的屋面,斗拱全部镶嵌木雕构件。中厅檐口石联为："圣德并九如到处苍生欢颂祝,母仪齐六合登堂赤子乐骈蹊。"檐口石柱与山柱连接梁镶嵌屏画,檐口挑梁的斗拱和雀替均为木雕构件。

中厅后有小天井,在中后堂之间、天井两旁建回廊,回廊各立两根圆柱,圆柱下部为0.8米高的础石,上部为木柱,支撑桁架和檐口梁,桁架上方雕有四对活泼可爱、憨态十足的鎏金小麒麟,桁架下木枋为镂空龙纹木雕,全部鎏金。天井两侧有廊道与后堂连通,走廊檐柱前联为"普天厚德坤为载,率土覃恩海不波",后联为"圣祀馨香弥六合,神恩浩荡堪三春"。

后堂为两间一厅结构,后厅左右各有一间房,墙壁绘有壁画(内容),檐塍通道开边门与两庑通连,檐口立两根方形础石木柱与厅角础石砖柱连接支撑檐口桁,牵梁与桁底均有木雕构件。后厅分为两部分,前为祭台、供桌,后供奉妈祖神龛,以木栅分离,龛前千里眼与顺风耳两神侍立,龛中神座中坐妈祖神像、侍神分立两旁。神龛和神像是聘请苏州工匠前来精心雕刻而成,并到过莆田朝谒,是永定唯一有文字记载的妈祖金身朝谒史。后堂檐口柱联为"泽国波臣趋跄故命,海天民主陟降生春",侧联为"绩著古今允矣熙朝宏翊赞,德备天地休哉水国庆清宁";后堂砖柱联为"圣功显赫万里海航波不兴,后德无量百年宫殿灯长明";神龛联为"圣德并九如到处苍生欢颂祝,母仪齐六合登堂赤子乐骈蹊",匾额"灵昭佑顺"。彩绘与壁画栩栩如生,后堂吊顶龙凤彩绘和戏台吊顶故事人物彩绘以及后堂两厢的壁画保留了当时的风貌。

后堂走廊各设边门,以条石为桥跨越天井通向左右两排庑房。左右庑房均为两套通廊的两间一厅式结构,庑房廊前均有一个长天井。右庑前厅供奉观音神位,神龛联为"万朵莲花涌宝座,千层贝叶霭琼楼",横批"慈航普度";后厅供奉关帝神位,神龛联为"心存汉室三分鼎,志在春秋一部书",横批"忠义参天"。左庑后厅供奉文武财神,旁供土地,庑廊后开有一后门通向后花园,园中修建有水井;前庑为庙祝生活场所,分别为厨房、餐厅、杂物间,厕所、浴室等卫生设施建在宫外。

抚市万寿寺

万寿寺是庆贺皇帝生日的场所,起源于唐玄宗的千秋节。开元十七年(729年),唐玄宗四十四岁生日,八月五日那天定为"千秋节",开了万寿节之先。节庆期间全国放假三天,君臣同庆,万民同乐。唐代信奉道教,节庆时开设道场,由道行高深的道士主持仪式,全国各地庆祝活动的场所都在道观进行。之后各朝各代的皇帝纷纷效仿,诞辰节日名称不一样,改称为万寿节。地方官员也纷纷在当地建设庆贺万寿节的场所,场所名称也因时因地而发生变化,甚至由观改寺、宫改庙。

抚市万寿寺坐落在抚市镇五联村老街头。该寺"元至正二年(1342年)建,国朝洪武十八年(1385年)重修"(明成化《八闽通志》)。永定置县后,新建官办万寿寺,抚市万寿寺降为民办,逐渐荒废。明弘治十六年(1503年)民间募集资金重建,乾隆四十八年(1783年)再次募资重修。在官修县志中被改名为"万寿山"。

重建、重修的抚市万寿寺,占地二亩余,三进二天井。前厅屏隔顶悬挂"天子万年"匾,屏后为小天井,左右回廊进入中厅。中厅屏前供奉关帝圣君,关平、周仓分立左右,屏后为大天井,天井左厅祀奉神农(俗称五谷神)和定光、叶拂虎二佛,右厅祀奉财神、喜神、贵神，后厅为大雄宝殿，厅顶悬挂"释雄宝殿"匾，厅中供奉三宝大佛。院落左侧庑房为住持生活区。明嘉靖十九年（1540年）由汀州通往漳州的驿道开通之后，在该寺对面设置"武溪公馆"，清代改为抚溪驿站，跨越抚溪建有木桥和码头，有清督学汪微诗："潇潇古驿风和雨，望断汀州半月程。"

清乾隆乙卯年（1795年）的万寿节，这一年84岁的乾隆退位，嘉庆接班，又喜得玄孙，皇帝举办千叟宴，全国庆祝。君臣同庆，万民同乐，全国的万寿寺前都形成盛大热闹的庙会。民众在每年农历四月初十举行迎神活动，成为抚市全镇的重大民俗节日。

万寿寺的庙会和驿道码头的人货流动，在清康乾时代条丝烟经济推动下，逐步形成圩场，进而发展成街道，沿着驿道两边建起商铺，俗称"老街"。

寺内悬挂的"天子万年"匾为清顺治年间知县赵廷标为凤城万寿寺所题赠的仿品，"释雄宝殿"匾相传是乾隆御笔所题。寺内功德碑为清乾隆重修时端台公所立。

寺内尚存雕刻柱联一对："义存汉室三分鼎，志在春秋一部书"，横批"忠义参天"。

聚奎文馆

聚奎文馆于清乾隆六年（1741年）由赖存学捐资集众建造，该馆在清代共培养630名毕业生。1905年停止科举后，1907年在天后宫创办的社前小学堂于1908年迁入该馆。1936年，该馆成为社前联保和区公所临时办公地点。之后，一直是区、乡、镇、人民公社的公署。1970年开始拆建、改建，旧貌不存。今为抚市镇政府所在地。

清进士赖宏撰《聚奎家塾记》：四代建学之制，备载《礼经》。古者党庠术序，莫不有学。甚至一家，亦各立塾以教育其子弟。《礼》曰："过时后学，则勤苦难成。"又曰："独学无友，则孤陋寡闻。"所以诫人为学之旨，至殷且挚。吾族初未立学，于乾隆六年辛酉岁（1741年），先祖始在土名"池塘排"地方立学。坐巽向乾。中厅前向四间，后向二间，左右侧向各二间。前厅前后左右各二间，左右旁各一厅六间。又左畔一厅二间，中凿小池；又右畔一厅二间，为厨房。门辟于右，门内植古柏二。后有小园，植古桧一、紫荆二、紫金二、丹桂一。重修于光绪丙子，后楹稍加高二尺，余悉照旧。土木工作益觉坚牢。初名文馆，后改名学堂，实则家塾焉耳，为族人藏修游息之所。吾族诸先达，半多在此毕业。今虽科举已废，旧学渐湮，多士率皆讲求新学，以征诸实用。然学无新旧，不分中外，其格、致、诚、正、修、齐、治、平之旨，则环地球万国，莫不皆同。余幼时，曾安其地独学者二年，司铎者二年。一行作吏，此事遂废。然忆青灯有味，尚似儿时；白首无成，负惭先德。风尘回首，觉松山鸟语，抚岭松涛，聚奎风景尚依依于魂梦间也。

由于馆内设有至圣先师孔子的神位以及竹林文会悬挂魁星神像，所以，出魁队伍经过该馆时，魁星必须下轿入内行礼，落地故事轮番表演，擂鼓舞龙。

巫氏家庙

宋末，巫伯六郎与妣杜氏，从宁化黄连峒迁徙到抚市营里开基。营里位于抚溪河畔龙颈墩，是大洋堋北端，河道经过此处开始转弯回环，曾是南宋辟疆军营驻扎地，营寨分设河的两岸，西岸设三寨，上寨设在崇山子，中寨设在排子下，下寨设在井头，南端高地称军营顶。东岸设二寨，今称上寨前、下寨前。营里为中军帐。军队撤走后，逐渐被移民开发，成为村落。传说巫伯六郎开基后，繁忙的航道得名"巫溪"。

元至正年间，巫氏始建祠堂，先后共建有三座土木结构的祠堂，后来陆续崩塌。2006年，在旧址上重新建一座一厅两厢式的"兰秉堂"，称巫氏家庙，内祀开基祖巫伯六郎和杜氏。祠联：长相家声远，黄连世泽长。

明成化赖景让开基社前时，娶巫七四郎与黄四娘长女为妻。所以，魁星扮演者在出魁之时必须到外祖公妣家庙门前礼拜，书空祝福。

回龙庵

抚溪在唐开元年间被开辟为航道，是漳州与汀州的盐运通道，是永定河的上游主航道。抚溪水口地势险要，水口处左有狮山，右有象山，俨然铁扇关门，人们称这一形胜为"狮象把水口"。河道在此大回环，进入长达十里的峡谷，两岸山脉陡峭嶙峋，有"仙人担石"奇景，河道蜿蜒曲折，水流湍急咆哮，急泻而下，在洽溪入汇永定河。该峡称为"抚溪隔"，亦称"高塘隔"。南宋开通龙岩至梅州驿道时，经过该峡。

发源于培丰竹子炉的抚溪，经过龙潭从青溪进入抚市境内，有贝溪、基安溪、三重溪、龙窟溪、康公庵溪、东安溪、李前溪、里龙坑溪和卓坑溪等九条水系汇入，素有"九龙戏抚溪"的传说。抚溪溪水直冲狮山，山下水面有一溶洞，宛如狮子张开大口吞吸河水，吐出的水折向象山，象鼻前伸，也试图吸水，溪水到此曲折蜿蜒，冲峡而出。

俗称该洞为"狮子口"。洞内独产"龙头鱼"。这种鱼身短稍圆，有鳞，头起双角，故名。传说洞内有千年神龟守护，舟人行船到此偶尔能见硕大神龟浮出水面。于是将"狮子口"称为"回龙宫"。

仙人担石与回龙宫二处胜景入联，刻在抚溪入汇永定河的洽溪处独资捐建的一座凉亭上，该亭是清嘉庆五年（1800年）由当时被誉为"龙岗硕望"的赖庚兴所建，亭名"笠雨亭"，亭联："话别龙宫拈花曾见佛笑，迹留鸿爪担石再觅仙踪"；"行到此亭将九里，歇来片刻值千金"；"担石仙人去了，折梅驿使来么"；"两边山色留人坐，一路溪声送客行"。亭联将"回龙宫"与"仙人担石"两处胜景前后呼应，并将路程里数入联，故俗称"九里亭"，因处洽溪地界，所以也称"洽溪凉亭"。

明万历二十五年（1597年），人们捐资在"狮子口"对面山坡建起一座道观，命名为"回龙宫"，有真人在此修行。乾隆十三年（1748年），朝廷下令查禁白莲教，抚市境内道观被封，道士流离失所。后来，荒废的道观由尼姑住持，更名为"龙佛庵"。1986年维修一新，主祀三宝大佛，更名为"回龙庵"，镶联"回转佛法祈十方风调雨顺，龙游大海保万年国泰民安"。元宵"出魁"，此地是魁星必到之处，书空祈福之后方才折返。

赖氏家庙

社前赖氏家庙坐落于龙岩市永定区抚市镇从龙岭北首，面朝笔架山，后靠东华山，左依抚岭，右傍抚溪，座巳向亥，占地4847平方米，主体建筑533.3平方米，土木结构。

从龙岭是抚市河谷盆地中心突起的脊梁，南北走向，长1200米，北低南高，形似停泊在抚溪河畔准备扬帆破浪的一条船。历史上，岭上的松涛风鸣与鸟语花香是当地胜景，岭中池塘旁的聚奎书院的琅琅书声与涛声、蛙声昼夜和唱，花香、墨香、松柏香四季飘溢。岭南从武溪公馆、万寿寺到学堂穿岭而行建起的老街、新街与墟场曾伴随永定烟经济的兴盛而辉煌，成为永定著名的集市——抚市。岭前赖氏家庙后龙山曾森林密布，如今设立了社前中心小学，岭后军营顶设立了抚市中学，岭中在聚奎文馆的旧址上建镇政府，同时还建了中心市场、汽车站等，国道"福三线"在从龙岭与抚岭之间穿过，沿路建起新的商贸区，整个从龙岭成为抚市镇的繁华地段。

赖氏家庙的东方为抚溪。抚溪是永定河上游抚市境内河段的称呼，有贝溪、基安溪、三重溪、龙窟溪、康公庵溪、东安溪、李前溪、里龙坑溪和卓坑溪等九条水系汇入，素有"九龙戏抚溪"之称。河段汇集了九条水系，犹如九龙戏水游抚溪，浩浩荡荡由南奔北。河畔有高大连片的抚市大洋墩明清土楼群，保存了数量众多的豪华府第式方楼和五凤楼群。

家庙的西方是抚岭。抚岭是大老鸦岭和小老鸦岭的总称，恰似一条横案屏障住编堂山，当地有编堂山九虎下山闹桃源、鸦鹊飞舞、青牛守关的传说。

家庙后靠南方东华山。东华山位于博平岭山脉中南端，是金丰大山山系的主峰之一，海拔1034.8米，丹霞地貌。东华山以其雄奇壮美而被誉为永定"第一名山"，山中有九弯十八角、棋盘石、仙人椅、一线天、石鼓、鲤鱼浮塔、石泉井、燕子岩、梦床仙石、伏虎岩、仙人刻字、鹧婆石、天池猴祭、石林、列屏五指、雾涛日出等名胜，有道观遗迹和东华山寺。山中植被繁茂，有许多自然生长的名贵花木和药材，2004年经国家林业局批准为王寿山国家森林公园东华山景区，面积99.07平方千米。

家庙面朝北方"笔架山"。站在家庙前面近看狮山、象山，其把住抚溪的水口，左边从里兴连绵不断直至中寨的山脉称为"骊龙"，右边形似猴子的山包在两边待着。向坎市、高陂、虎岗等乡镇极目远眺，山重峦叠，葱翠朦胧，山峰高耸云端。笔架山是玳瑁山山脉茫荡洋山系的主峰之一，也是永定高峰之一。

家庙门朝北，门坪用鹅卵石镶嵌铺设而成。坪前挖一口鱼塘，蓄养放生鱼。塘前曾立桅杆数十根，1958年在铺设坎市至抚市公路段时将桅杆一一放倒，用来建造涵洞、桥梁，现已荡然无存。大门设于祠右，建一墙屏形成回折，顺向中寨，门上悬挂一对红灯笼，灯笼上书"敦本堂"，门额悬挂进士赖宏手书"赖氏家庙"匾，嵌联"秘书世第，好古家风"，大门内联"忠厚溯家风，宇启西川，文物雍容光阀阅；诗书绵世泽，祥钟秘里，衣冠跄济耀门间"。一入大门，踏上鹅卵石铺设的内坪，即见横匾"敦本堂"，一副长联挂两柱："敦睦邻，敬乡亲，继承千百年文明传统；本孝悌，序长幼，发扬数十代礼义家风。"中厅祀奉"西川郡"百二郎公脉五世祖传至十二世的众先祖。神主龛横批为"祖德常照"，楹联为"敦本家声远，西川世泽长"，内立石刻神主牌，左昭右穆。牌位中间为"西川，堂上赖氏历代高曾祖考妣一脉宗支社前开基祖五世祖公太景让公、婆太巫孺人之神位"，从上至下依次为六至十二世祖的牌位，左昭旁有外祖公巫七四郎、外祖妣黄氏四娘，下方为六、八、十、十一、十二世祖，右穆下方为七、九、十、十一、十二世祖，从左至右依次为长幼房序。龛前摆香案和祭祀桌，梁上悬挂各房派大红灯笼和进士、博士牌匾。相传曾悬挂慈禧太后所赐"福"字匾。厅右室供奉建造本祠的七世祖月溪公及所传的八、九世祖的木主牌位，厅左室放置祭祀专用物品。右侧厅为"十番"

吹奏场所，左侧厅悬挂《题名录》。走廊通左右两庑，各建一排厢房，均为两室一厅一天井。左庑用于停灵，供清代出外经商求学死亡者的骸骨回乡安葬临时停放场所，如今建造为骨灰寄存室，小厅是寄存骨灰的后裔祭祀专用。右庑是庙祝生活场所，"文革"期间曾为集体小豆腐加工厂的生产场地。

家庙后龙山的左侧有社前之祖景让公妣古墓葬，现在依然保存完好，是在清初康熙壬寅年（1662年）由社前四房裔孙重修的。整座墓用三合土修筑而成，墓碑刻现今习惯采用的郡号和世系当时均未采用，在郡号的位置上刻上了"开基"二字。庙后一株油杉及庙右一株小叶榕树，是建庙时所植，至今郁郁葱葱，枝繁叶茂。

每年元宵闹祠活动是社前赖氏家庙一道独特的风景线，是整场出

赖氏宗祠前的闹祠活动

闹祠

魁民俗活动最后的压轴戏,所有参加活动的巡游队伍及故事轿在这里集中展示,进行魁星点斗及祭告祖宗,祈求风调雨顺、国泰民安、事业兴旺、吉祥如意后,活动宣告结束。

五 独特民俗长盛不衰

社前村的出魁活动,是社前村赖姓村民创造、传承的一种独特民俗文化。尽管历经几百年的风风雨雨,但仍然长盛不衰,成为社前村人传承敦亲睦族、耕读传家、慎终追远、忠贞爱国等中华传统观念的重要载体,凝聚着他们世世代代追求国泰民安、风调雨顺、家庭和睦、吉祥安康的良好愿望。

1 出魁民俗传承不绝

从清乾隆二十三年（1758年）正月十五日元宵上午巳时起，永定县丰田里社前村举办第一次出魁，首次魁星扮演者为赖存觉，文武财神扮演者为赖存资、赖存先，这项活动至今已延续了259年。

清同治三年（1864年），太平军过境，全乡被焚烧的楼房及被杀的人员无数，社会动荡不安，次年没有举办活动。自此之后，社前村的出魁活动，除了发生重大自然灾害不办，一般正常祥和之年均会举办。

1914年年底发生鼠疫灾祸，次年无庆。

1932年发生县长被杀事件，清乡至次年，在天后宫前镇压20余人，次年停办。

1943年年底发生鼠疫灾祸，次年停办。

1959~1961年困难时期未出。

1967~1980年"文革"时期未出。

1996年未举办。

2　重大活动争奇斗艳

1991年2月22日，社前村参加龙岩市举办的"茶花节"开幕式活动，节目有大鼓。

1995年11月18日，社前村参加永定县城举办的"中国福建永定客家土楼文化观光节"活动，参与的节目有船板灯和五色锣鼓等。

2000年11月29日，社前村出魁民俗参加龙岩市举办的世界客属第十六届恳亲大会开幕式活动，参与的节目有千秋架、慈航普度（蟠龙铁机）、八仙过海（船板灯）和两副五色锣鼓等。

2006年12月，社前村出魁民俗参加福建省十三届运动会开幕式活动，参与的节目有千秋架、船板灯、观音送子（铁机）、哪吒（铁机）、四进士、桃园结义等。

2014年6月16日，社前村出魁民俗参加永定土楼风情节开幕式，参与的节目有魁星点斗、文武财神、游山打猎、寿星、四进士、千秋架、船板灯（下南洋）和两副五色锣鼓等。

3 出魁活动特色鲜明

社前出魁民俗活动已经历经了几百年,它之所以长盛不衰,主要在于它是传承弘扬客家精神和传统文化的重要载体,并具有如下鲜明特点:

一是"迎神"祭祀。俗称"扛菩萨"巡游,即将庙宇中供奉的菩萨安放在神轿上,由信徒抬出,巡游全村,目的是祈求神灵保佑地方一方平安。扛菩萨活动由请神、扛神、接神、安神等环节组成。请神时,在神座前焚香礼告,请下神座,给菩萨洗脸清洁,然后将其安放在神轿上出巡。扛神队伍有大旗、香案、铳炮队伍及喇叭乐队,队伍巡游本村,家家户户在自家门前摆上香案牲仪,鸣炮迎接,称"接神"。巡游结束,恭请菩萨归座,称"安神"。

二是驱疫求吉。传说中的后土掌管土地,也叫"社神",客家人称"土地伯公"或"公王"。社火源于远古的图腾崇拜、原始歌舞,每逢祭祀时节,人们在身上绘上图腾图案或戴上图腾面具,边击打劳动工具,边跳着模拟图腾物的舞蹈,狂呼乱舞,驱疫除鬼,祈求健康平安。出魁时祭祀"公王"的活动,至今保留在鹊坪村的出魁活动中。并焚香、烧纸、鸣炮,由侍神行祭祀礼仪,魁星书空。

三是借古颂今。这也是抚市镇几个姓氏春节闹元宵、走古事的主要形式,其做法是将各种古代人物、故事传说、各路神仙等,借鉴古装戏剧艺术的表现形式,通过人物造型、服饰、化装与微场景等,将其制作成一座座形象各异、千姿百态可移动的轿式表演舞台,通过这种形式来弘扬忠孝礼义、勤俭奋斗、敦亲睦族、爱国爱乡等中华文化的优良传统,传播正能量。

四是耕读传家。社前村出魁民俗的"魁星点斗",是客家人春节闹元宵中最有特色、最具文化内涵的民俗活动。出魁活动的高潮,就是"魁星"扮演者佩戴面具,与文武财神经过六座古建筑时,进行点斗,握笔书空,写下祷告语,祈求族人国泰民安、风调雨顺、人才辈出、举族安康,充分体现了客家人耕读传家、重视人才培养教育传统的美好愿望。

年年岁岁花相似,岁岁元宵别样天。

时间倒回至 1757 年,从社前村"在田楼"楼主赖宾仪得到乾隆皇帝御赐"烟魁"名号起,时光的年轮已经轮转了 260 圈,但每到元宵,社前村赖姓村民长长的出魁队伍,依然会巡游穿行在抚市规模宏大、富丽堂皇、举世闻名,由 120 多座明清古建筑构成的客家土楼群以及春意盎然广阔的田野阡陌间,不断演绎和彰显客家人耕读传家、崇文重教的优良传统,告别农耕文明创造的辉煌过去,走向传统文化与现代文明相结合带来的更加美好的明天。正是:

社前多华堂,元宵出魁忙。卯时全家要起床,男女老幼全上场。男人查轿子,女人管厨房,老人顾孩子,亲人来帮忙。淘米洗菜备二餐,鸡鸭鱼肉饭菜香;午餐放在锅灶里,客人前来自己尝。辰时出发全家忙,老人促孙化好装;三牲五果告天地,儿童坐轿全到场。男人抬轿女人帮,心系轿上状元郎;一路巡游到午时,方才回家吃午粮。申时又要忙夜场,儿孙自然喜洋洋。晚餐刚完锣鼓响，孩童提灯就出场。各种花灯全村游，欢舞踏歌夜春光。欢腾不觉时间快，亥时已过才收场。

　　社前少年郎，人人上过场。白昼轿中坐，晚上穿舞忙。出魁经历成记忆，伴随一生终难忘。他乡遇故人，必说闹故事。扮演什么人，坐过什么轿。回到历史故事之中，家国情怀滔滔不绝。自从康熙开辟商路之后，许多青年踏上经商路，每逢春节到，都要返乡过个年。生意奔波到壮年，还想故事梦再圆。桌子戏中儿童坐，只有三人能中选。做个故事头，来把魁星演，文武财神配，也能美梦圆。魁星手中斗笔扬，家中必有好文章。文武财神来辅助，四海通达生意旺。民间传说演魁星，明年必生读书郎。麒麟祥瑞送贵子，家中必出状元郎。

图书在版编目（CIP）数据

客家元宵盛典：永定抚市出魁 / 张胜本，赖启章著.
— 郑州：中州古籍出版社，2018.10
（华夏文库民俗书系）
ISBN 978-7-5348-8015-5

Ⅰ.①客… Ⅱ.①张… ②赖… Ⅲ.①客家人–节日–风俗习惯–介绍–永定县 Ⅳ.①K892.1

中国版本图书馆CIP数据核字（2018）第211049号

华夏文库·民俗书系
客家元宵盛典：永定抚市出魁

总策划	耿相新　郭孟良
项目协调	单占生
项目执行	萧　红
责任编辑	梁瑞霞
责任校对	张　颖
封面设计	新海岸设计中心
版式设计	曾晶晶
美术编辑	王　歌

出　版	中州古籍出版社
	地址：河南省郑州市经五路66号
	邮编：450002
	电话：0371-65788693
经　销	新华书店
印　刷	河南新华印刷集团有限公司
版　次	2018年10月第1版
印　次	2018年10月第1次印刷
开　本	960毫米×640毫米　1/16
印　张	9.5印张
字　数	100千字
印　数	1—3000册
定　价	29.00元

本书如有印装质量问题，由承印厂负责调换。